Liderar desde el corazón

Liderar desde el corazón

El poder del amor incondicional en los negocios

JORDI RICART

Traducción de Guadalupe Herce Gil

G2000

Título original: *Pay It Forward*

Gestión 2000 es un sello editorial de Centro de Libros PAPF, SLU.
Av. Diagonal, 662-664
08034 Barcelona
www.planetadelibros.com

Primera edición: marzo de 2026
Depósito legal: B. 24.563-2026
ISBN: 978-84-9875-610-4
Composición: Realización Planeta
Impresión y encuadernación: QP PRINT
Printed in Spain - Impreso en España

PEFC Certificado
Este libro procede de bosques gestionados de forma sostenible
PEFC
PEFC/14-38-00305
www.pefc.es

Sumario

Dedicatoria

En noviembre de 2023, Michael Harth —socio de Alan Lazowski y director de Talento y Cultura en LAZ Parking— se puso en contacto conmigo para comentarme que él y el equipo de gerencia de LAZ se habían sentido inspirados al conocer mi historia. En 2024, decidieron que el lema de LAZ Parking para ese año sería: «Liderar desde el corazón» (*Pay It Forward*, título original del libro). Me invitó a que asistiera al encuentro anual de la empresa para dar mi testimonio y compartir mi «libro». Pero ¡ni siquiera estaba terminado! No era más que un montón de papeles y un borrador preliminar. De no ser por Michael, estoy seguro de que este libro jamás se habría publicado, así que, Michael, ¡te lo agradezco de corazón!

No soy escritor profesional y el inglés tampoco es mi lengua nativa, de modo que realmente necesitaba ayuda. Y una vez más, el universo me tendió una mano. Este libro no tendría la energía y la trascendencia que lo caracterizan de no ser por un ángel caído del cielo llamado Deanna. La experiencia de abrir mi corazón y mostrarme vulnerable ante una completa desconocida ha sido maravillosa. Muchas veces terminamos llorando, compartiendo recuerdos y ahondando en temas muy profundos. Muchísimas gracias, Deanna, por haber puesto mis ideas, sentimientos y energía en palabras.

El primer borrador que le regalé a Alan por su cumpleaños

pasó por las manos de otro ángel que me ayudó a pulirlo y darle orden. Gracias, Brooke, por tener tanta fe en este mensaje y por ayudarme con ese primer boceto.

¡John Temerian! Esta historia jamás habría existido de no ser por ti. Nosotros somos este libro. Hemos vivido tantísimas cosas juntos y decidimos apoyarnos y crecer el uno con el otro. ¡Te quiero, hermano! ¡Gracias por tu cariño, apoyo y optimismo incondicionales!

Jim Goetz, ¡gracias por creer en nosotros! Y gracias por habernos impulsado a soñar siempre en grande. Tenerte como socio y mentor ha sido todo un sueño.

A mi hermano Gerard Subirats: gracias por haberme dado la oportunidad de mudarme a Miami para apoyarte. ¡Gracias por creer en mí! ¡Te estaré siempre agradecido! *T'estimo!*

Ana y Hershel, posiblemente CURATED no existiría de no ser por vosotros. Habéis estado desde el primer día apoyándonos a John, a CURATED y a mí de forma incondicional. ¡Os queremos!

A todo el equipo de CURATED: Ana, Hershel, Ryan, Katya, Nandina, Miguel, Ernesto, Hooper, Tyler, Ruben, Barton, Derian, Stephen, Sergio, Rebeca, Nick, Luiz, Ross, Chris, Elijah, Gavin, Juliana, Sean, Gabriel, Scott y tantos otros. ¡Sois increíbles! Gracias por abrir vuestro corazón y abrazar la cultura que hemos construido juntos. Sentíos orgullosos de lo que hemos creado, es algo muy especial.

A todos nuestros clientes, proveedores y a la comunidad que nos apoya siempre, ¡GRACIAS! En especial a los dos banqueros que creyeron en nosotros cuando nadie más lo hizo y nos dieron aquella primera oportunidad. ¡Gracias, Hervé y Augusto!

A mi primer jefe, José Miguel. El que muchas veces me hizo llorar. El jefe más difícil que he tenido. Me enseñaste muchísimo sobre las empresas: cómo funcionan, cómo están estructuradas, cómo elaborar informes excelentes sobre las distintas operaciones, sobre contabilidad y muchas cosas más... También me mostraste cómo no quería que fuese mi futura empresa. Gracias, José Miguel, por haberme enseñado tanto a tu manera y por haberme ayudado a convertirme en un mejor empresario.

Gracias a Patty y Monica, mis increíbles amigas y *coaches*, por su guía durante este viaje de cuatro años para conectarme con mi alma, descubrir quién soy en realidad y por ayudarme a convertirme en la mejor versión de mí mismo.

A mis padres por ser mis más fieles seguidores, por todos los valores que me inculcaron y por educarme con una mentalidad increíblemente abierta. *Us estimo!*

A mis hijas, Emma y Gala. Espero que algún día leáis este libro y os sintáis orgullosas de vuestro padre.

Al amor de mi vida, mi mujer, Andrea. La que siempre me ha apoyado. Sin ella, no podría hacer ni la mitad de las cosas que hago. Es el pilar que lo sostiene todo y me da el tiempo y el espacio que necesito para contribuir con mi grano de arena al mundo. Te quiero, Andrea.

Y, por último: Alan. Cambiaste mi vida y, al hacerlo, la de tantas otras personas. Gracias por ayudarme a ver la vida desde otra óptica, una en la que el amor está en el centro. Una vez te dije: «Son malas personas», y de inmediato contestaste: «Jordi, ésa es la diferencia entre nosotros. Para mí, todas las personas son buenas». He de admitir que ese comentario me dolió, pero cuánta razón tenías. Gracias a ti descubrí que, en el fondo, todas las personas aspiran a ser buenas, pero muchas veces no saben cómo. Y tomando prestadas tus palabras, necesitan una segunda oportunidad y de alguien que crea en ellas más de lo que creen en sí mismas. Gracias por compartir tanta sabiduría conmigo. Dedicaré mi vida a intentar compartir esa misma sabiduría con la mayor cantidad de gente posible.

Todas las citas de este libro se atribuyen a Alan Lazowski, a menos que se indique lo contrario.

Conoce a Alan, John y Jordi y descubre cómo comenzó esta increíble historia de *Liderar desde el corazón.*

Prólogo

Todos tenemos la oportunidad de ser una fuerza propulsora del bien, de contribuir a que este mundo sea un lugar mejor y ayudar a las personas que lo necesitan.

El concepto de *cadena de favores* (*Pay It Forward*) es un don inmemorial que consiste en que una persona haga algo bueno por otra sin esperar nada a cambio. La esperanza radica en que quien recibe este acto de generosidad haga a su vez algo bueno por otra persona. Estos actos de bondad y generosidad crean un efecto dominó de bondad y generosidad. Y estos efectos positivos se traducen a su vez en acciones positivas hacia otros individuos y nuestras comunidades, y las trascienden.

El quid de esta idea reside en que, en lugar de devolverle un favor a la persona que te tendió una mano, participas en una cadena de favores ayudando a otros que lo necesitan. Esto puede darse en situaciones muy cotidianas (como comprarle un café a alguien que está detrás de ti en la fila) o de formas más significativas (por ejemplo, ayudar a personas necesitadas).

Mi propia historia personal y familiar me ha conducido a vivir según la filosofía de la cadena de favores.

Mis padres son supervivientes del Holocausto. A mi padre, el rabí Philip Lazowski, con tan sólo once años le salvaron de morir en un proceso de selección. Su ángel de la guarda fue una hermosa mujer que nunca había conocido. Arriesgó su vida y la de sus dos hijas (de siete y cinco años) para salvar a un niño a quien no conocía.

Por desgracia, su madre, dos hermanos y su hermana habían sido asesinados, y él tuvo que sobrevivir en el bosque de Polonia durante dos años con su padre y su hermano. Con el tiempo, mi padre llegó a Estados Unidos y doce años más tarde, cuando tenía veintitrés, el destino quiso que encontrara a aquella mujer que le había salvado la vida. Se casó con su hija mayor, mi madre, Ruth, que de niña también había estado en aquel proceso de selección. Mi padre, acompañado de mi madre, se convirtió en uno de los líderes espirituales más importantes de Connecticut y ambos han hecho de su vida una cadena de favores devolviendo actos de generosidad y bondad a miles de personas. Cuentan su historia en los libros *Faith & Destiny*, de Philip Lazowski, e *Into the Forest*, de Rebecca Frankel.

En 1981 tuve la suerte de poder emprender una pequeña empresa de aparcamiento con mis amigos de toda la vida. Hoy en día, LAZ Parking es una de las principales empresas de aparcamiento en Estados Unidos y es una familia que cuenta con más de quince mil miembros.

En LAZ abogamos por el capitalismo consciente, por entender los negocios como un medio para elevar la humanidad. Creemos que los negocios pueden —y deberían— ser una fuerza propulsora del bien. Solemos decir que somos tan buenas personas como aquéllas con las que trabajamos. Tenemos la convicción de que debemos velar por nuestros empleados, proveedores, las partes interesadas en la empresa, por la comunidad a la que prestamos servicio y por el entorno.

El propósito y la misión de LAZ consisten en «crear oportunidades para nuestros empleados y valor para nuestros clientes».

Conocer a Jordi Ricart y John Temerian, y haber podido acompañarlos a lo largo de su camino, ha sido uno de los mayores regalos que me ha dado la vida. Verlos triunfar y aprender a «liderar desde el corazón» ha sido un sueño hecho realidad.

Gracias, Jordi, por tu cariño y generosidad. Y enhorabuena por haber escrito un libro tan maravilloso que sin duda inspirará a miles de personas.

Con cariño y gratitud,

Alan Lazowski

Introducción

Era 2 de septiembre de 2015, 18.00 horas. Estaba solo, sentado frente a mi escritorio en un almacén en Florida, Miami, rodeado de coches de lujo, viendo cómo mis sueños se iban desvaneciendo poco a poco. El camino que tenía por delante era desalentador e incierto.

Con treinta y dos años, contaba con dos títulos universitarios obtenidos en una universidad de mi país de origen, España, y había trabajado incansablemente. Sin embargo, había llegado a un punto en el que los negocios no habían ido bien, mis cuentas bancarias estaban desiertas y debía preocuparme por cómo pagar el alquiler y la montaña de honorarios de los abogados de extranjería.

En pocas palabras, un futuro bastante sombrío.

En aquel momento codirigía una de las principales empresas de alquiler de coches exóticos y de lujo del país: Lou La Vie, en Miami, Florida, con mi socio, John Temerian. John pertenece a la tercera generación de una familia que se dedica al mundo de las joyas automovilísticas europeas. Él es, básicamente, una enciclopedia viviente de Lamborghinis y Ferraris de las décadas de los setenta, ochenta y noventa. Y yo en aquel entonces era todo lo contrario. Un inmigrante que no tenía conocimiento previo sobre coches de lujo y que llevaba dos años viviendo en Estados

Unidos. Y, hasta el momento, nos había ido muy bien, pero de pronto todo cambió. Aproximadamente el 70 por ciento de nuestros clientes eran brasileños que estaban de visita en Miami. Por lo tanto, cuando Brasil cayó en crisis y se devaluó su moneda, perdimos el 70 por ciento de nuestro negocio en tan sólo tres meses. El dinero que teníamos lo destinamos a pagarles a nuestros empleados, a pagar los préstamos de los coches y el alquiler del almacén. Durante seis meses, John y yo ni siquiera cobramos un sueldo. Fueron pasando las semanas y cada día íbamos a trabajar creyendo que sería el último. Pero siempre sucedía algo que nos mantenía a flote.

Llegó septiembre y John había usado su Rolex como prenda para poder pagar su alquiler. Mientras tanto, yo sólo tenía ciento cincuenta dólares en mi cuenta bancaria.

Así que, allí estaba, solo frente al escritorio en un almacén rodeado de coches de lujo y magníficas obras de arte. Entonces pensé: «¡Se acabó! Hasta aquí llegó mi sueño. Toca volver a España». Sin embargo, ni siquiera tenía dinero para el billete de avión. Mi vida en Estados Unidos pendía de un hilo.

Comencé a elaborar una lista mental de los amigos y familiares a los que podía pedirles dinero, y en ese momento el destino hizo de las suyas a través de una llamada: «¡Hola, Jordi! ¡Soy Alan!», anunció una voz cuando cogí el móvil.

Era Alan Lazowski, fundador de LAZ Parking, la mayor empresa de aparcamiento de Estados Unidos que gestiona una facturación de 2.000 millones de dólares y cuenta con más de quince mil empleados.

John y yo conocimos a Alan en 2014 por pura casualidad. Lou La Vie había organizado una de las ediciones más importantes de la feria Art Basel en Miami. Alan había volado desde Connecticut por un viaje de negocios y un amigo le habló del evento. Decidió asistir a nuestra sala de exposición al día siguiente. El acto estuvo increíble, asistieron más de mil personas. Se respiraba arte, los DJ pinchaban en vivo, la gente charlaba y socializaban unos con otros. Mr. Brainwash pintó ahí mismo uno de nuestros Maserati. Había muy buena vibra. Y entonces, de la nada, apareció un tío vestido de pantalones cortos y chanclas gritando: «Maaadre mía, pero ¡¿qué es esto?! ¡Vaya locura!».

Era Alan.

Después de aquel encuentro, Alan apuntó nuestros números de teléfono y comenzó a llamarnos por la noche y a cenar con nosotros cada vez que venía a Miami por negocios. ¡Se convirtió en nuestro mentor! Al principio, no entendía del todo por qué quería seguir en contacto con nosotros. No teníamos nada para ofrecerle. Éramos dos jóvenes empresarios que luchaban por mantener su negocio —a un paso de la quiebra— a flote. Teníamos un futuro incierto por delante. Mientras tanto, Alan era todo lo opuesto: un empresario increíblemente exitoso que, en ese momento, había sido designado por el presidente Barack Obama para dirigir el Museo Conmemorativo del Holocausto en Washington D. C.

Y ahí estaba él, llamándome durante uno de los momentos más oscuros y desesperantes de mi vida. Con su entusiasmo característico, Alan exclamó: «¡Jordi! ¿Qué tal? ¡Te echo de menos! Estoy en Miami para una convención de la Asociación Nacional de Aparcamientos. ¿Tenéis un hueco en veinte minutos para que cenemos los tres?». Acepté la invitación y llamé a John para avisarle.

Treinta minutos más tarde, estábamos los tres sentados en el restaurante Mandolin, hablando con este individuo extraordinario. Entonces, Alan, como era habitual en él, nos preguntó cómo iban los negocios en Lou La Vie. Y le contamos que la cosa no pintaba nada bien. Entonces nos preguntó: «¿Y los coches antiguos que soléis comprar y vender? ¿Habéis hecho alguna operación más?».

Alan se refería a un segundo emprendimiento que teníamos John y yo. Unos meses antes, había visto que John compraba coches clásicos a un precio asequible para uso propio, los conducía un tiempo y luego los vendía para obtener una ganancia. Un día le pregunté si podíamos hacer de ello un negocio y me dijo: «Claro, pero no tenemos el dinero». Ese mismo día empecé a recaudar dinero de amigos. Así fue como comenzamos comprando y vendiendo coches por entre 50.000 y 150.000 dólares, con buenas ganancias que compartíamos con nuestros inversores. De hecho, ese negocio se había convertido en nuestro único modo de supervivencia, pues llevábamos meses sin cobrar un sueldo.

Cuando Alan nos preguntó por estos coches, John se dejó llevar por el entusiasmo y le contó sobre uno de sus nuevos descubrimientos: «De hecho, he encontrado un supernegocio. ¡Vamos a ser ricos! Podemos comprar este coche por 800.000 dólares y venderlo por 1 millón, o incluso 1,1 millones de dólares».

John había encontrado un Lamborghini Miura S —yo ni siquiera sabía qué clase de coche era— que se vendía a través de eBay. Esa persona lo tenía allí aparcado en su casa, no arrancaba, pero estaba en buenas condiciones.

A mí me dio vergüenza mencionarle esto a Alan. Prácticamente no teníamos dinero. Me parecía que John estaba siendo demasiado optimista y que vivía con la cabeza en las nubes. Así que, con tono pesimista, le dije a Alan: «Ya, es una buena idea, pero no hay modo de que recaudemos 800.000 dólares para un coche en tan sólo dos semanas. Tendríamos que depositar 50.000 dólares para finales de esta semana y nuestras cuentas están en cero».

Alan se echó a reír y John, por su parte, se mostró impertérrito ante mi pesimismo y me contradijo: «¡Te apuesto a que lo conseguimos!». Alan no paraba de reírse y nos decía: «¡Estáis locos, chicos!».

«El que está loco es John», le contesté. Pero, entonces, Alan me miró y dijo: «Tú estás tan loco como él porque le sigues la corriente, pero ¡me encanta!». En medio de toda esa risa, sacó algo del bolso y comenzó a escribir, pero no podía ver qué era. De pronto, me miró y dijo: «Jordi, tú manejas los números, ¿cierto?». Asentí en señal de confirmación. Él prosiguió: «Vale, pues, aquí tienes 50.000 dólares para el depósito. Puedes hacerlo mañana y en las próximas dos semanas, recauda los 750.000 dólares restantes. Una vez que lo hayas conseguido, John venderá el coche por 1,1 millones de dólares».

No daba crédito a mis ojos. Una persona a la que habíamos visto sólo un par de veces —con quien de vez en cuando hablábamos por teléfono— nos ofrecía 50.000 dólares sin ningún tipo de contrato formal.

Sobrecogido como estaba le respondí: «Alan, no podré juntar esa cantidad de dinero. Perderás el depósito», pero él clavó sus ojos en los míos y me dijo: «Yo creo en ti. Juntarás el dinero».

John y yo permanecimos allí sentados, con lágrimas surcándonos las mejillas, abrumados por un caudal de emociones que no podíamos procesar del todo. Mientras tanto, dentro de mí pensaba: «¿Qué hacemos? ¿Aceptamos el cheque? ¿Y si no conseguimos juntar el dinero? ¿Y si no podemos vender este coche de 800.000 dólares?». Al fin y al cabo, jamás habíamos emprendido una transacción de semejante magnitud.

Mientras teníamos la mirada fija en el cheque y nuestros húmedos ojos iban enfocándose poco a poco, Alan nos preguntó: «¿Habéis leído el cheque?», a lo que ambos respondimos que sí, pero él insistió: «Leedlo de nuevo».

Así pues, volvimos a mirar el cheque y en la parte del concepto Alan había escrito *PAY IT FORWARD*. Estábamos confundidos, sobre todo yo, ya que en aquel momento mi inglés no era tan bueno como ahora, así que no sabía qué significaba aquello.

«¿Sabéis qué significa?», nos preguntó Alan, pero ambos sacudimos la cabeza. Así que prosiguió: «Cuando uno tiene la oportunidad de ayudar a alguien, ¡hay que aprovecharla! En lugar de escribir *pay it back* y hacer de esto un simple préstamo con futura devolución, lo que os pido es que hagáis por otros lo que yo hoy he hecho por vosotros, que lideréis desde el corazón y os suméis a la "cadena de favores", eso es lo que significa *Pay It Forward*. Quiero que ayudéis a vuestros empleados, clientes, proveedores y a todos los que podáis».

A través de ese gesto de bondad, Alan nos cambió la vida para siempre.

Pero aún no habíamos caído en la cuenta de la importancia de la lección que acabábamos de aprender. No éramos conscientes de la cadena de eventos que se sucederían en los meses y años subsiguientes.

Al marcharnos del restaurante esa noche —con el corazón lleno de gratitud y una esperanza renovada— emprendimos un viaje. Y de ese modo, Alan Lazowski se convirtió en nuestro guía y mentor. ¡Y nuestras vidas jamás volverían a ser las mismas!

Cuando me adentré por primera vez en el mundo de los negocios, abordaba el liderazgo desde una posición de negatividad y miedo. En los primeros trabajos que tuve en España me habían inculcado esta cultura de trabajo. Los negocios no eran algo personal, sino que eran simplemente eso, negocios. Y debías liderar con una mentalidad de «matar o morir» para poder sobrevivir.

Sin embargo, después de conocer a Alan, mi perspectiva cambió por completo. A lo largo de los años que lo he tenido de mentor, he aprendido de primera mano que, para ser verdaderamente exitoso, tienes que liderar con amor incondicional, ética y excelencia moral. Debes obrar desde el corazón y ayudar a los demás en todo cuanto te sea posible. Y, al hacerlo, entonces sólo así tú, tu empresa y el mundo a tu alrededor prosperaréis de verdad.

No soy un escritor profesional. No soy más que un empresario que tuvo el privilegio de cruzarse en su camino con alguien que le cambió la vida: Alan Lazowski.

Después de que Alan nos diera el cheque por 50.000 dólares, hizo mucho más que ayudarnos a conseguir una transacción rentable. Él también me dio la oportunidad de descubrir cómo crecer a nivel personal, cómo interactuar con las personas, cómo abordar diversas tareas y cómo afrontar los desafíos no desde la mente ni desde una postura agresiva, sino desde el corazón.

Durante las primeras reuniones que tuve con Alan, solía preguntarme muchas cosas sobre mí mismo, en especial sobre mis ideas y mi vida en España. Me llamaba casi todas las noches a eso de las diez y nos pasábamos horas hablando por teléfono sobre negocios y sobre la vida. En muchas ocasiones, él me planteaba una idea y yo solía responderle: «Eso es imposible, Alan». Recuerdo que me decía que nada es imposible y que nunca debo bajar los brazos. Muchísimas veces trajo a colación el ejemplo de su familia y su increíble historia de supervivencia.

En cuanto comenzamos a tener nuestras reuniones, yo tomaba nota de todo lo que me decía, lo que compartía conmigo y lo que inspiraba en mí. Fueron lecciones que me cambiaron la vida y que no aprendí en ningún otro lado (ni en la universidad ni en los libros que había leído).

Con el tiempo, todo aquel conocimiento me pareció demasiado valioso como para guardármelo. Así que emprendí la escritura de este libro, para poder compartir con otras personas esta nueva perspectiva que acababa de descubrir.

Empecé a escribir en 2014 y el contenido del libro ha ido evolucionando desde entonces. Después de cada encuentro con Alan, dedicaba un rato a reflexionar sobre lo hablado con él, revisaba el texto, añadía puntos de vista nuevos y borraba otros más antiguos. Mi visión sobre el mundo se transformaba con cada nueva reunión. Y entonces, tras pasar un fin de semana muy intenso con Alan en el que trabajamos en una negociación importante para uno de nuestros proyectos, me marché listo para compartir con otros todo lo que había aprendido y mi nueva manera de ver el mundo.

Y, en ese momento, nació *Liderar desde el corazón*, para enseñar un enfoque diferente sobre el modo de hacer negocios e impulsar a otros empresarios ofreciéndoles un mejor camino hacia el éxito a través del amor incondicional.

También escribí este libro como tributo a Alan: magnate de los negocios, filántropo y fundador de LAZ Parking.

Alan puso en marcha LAZ en 1981, mientras estaba en la universidad, y nació como una empresa de servicio de aparcacoches. Él y sus dos socios —mejores amigos de la infancia— han construido una compañía que tiene un valor superior a los 1.000 millones de dólares. Lo que caracteriza a Alan es su estilo de liderazgo centrado en las personas, su bondad incondicional y su tenacidad inquebrantable. El éxito de LAZ Parking se debe en mayor medida a este estilo de liderazgo, que él y sus socios han impregnado en la cultura de la compañía.

Después de un año de estar bajo la mentoría de Alan, nos ayudó a conseguir un ambicioso sueño con ese cheque de 50.000 dólares, pues tuvo más fe en nosotros de la que yo tenía en aquel momento. Y no sólo fuimos capaces de comprar ese coche en dos semanas, sino que lo vendimos por más de 1,2 millones de dólares, un monto incluso superior al que habíamos previsto, y logramos devolverle el dinero a Alan. Tras ese negocio tan exitoso, Alan nos confió que veía mucho futuro en nuestro emprendimiento de compra y venta de coches clásicos y se ofreció a ayudarnos a estructurar la empresa y a hacerla crecer. Así fue como nació CURATED.

Hoy en día, me considero un afortunado por tenerlo como mentor, socio, amigo y de que sea una de las personas más especiales de mi vida. Alan transformó la manera en la que abordaba a las personas, los negocios y la vida. Me enseñó el secreto de la felicidad: liderar con amor.

Muchos años antes de conocerlo, cuando todavía vivía en Barcelona, solía reflexionar acerca de la felicidad. Anhelaba descubrir cuál era la llave de la felicidad, por lo que empecé a leer libros sobre el tema y a hablar con gente que conocía a fondo este concepto. A pesar de que aprendí mucho sobre esto, nunca descubrí nada nuevo ni nada que cambiara mi modo de enfrentar la vida. Por lo tanto, seguí creyendo que el dinero estaba íntimamente vinculado con la felicidad y que tener un bonito coche y vivir en una bonita casa me permitiría conseguir ese objetivo. Si tenemos en cuenta este paradigma y mi trayectoria profesional, se podría decir que soy muy exitoso, que he conseguido consolidar y hacer crecer diferentes negocios, que he ganado bastante dinero y he conseguido cumplir la mayoría de las metas que me propuse cuando aún era estudiante.

Sin embargo, cuando conocí a Alan comprendí de verdad que el amor —no los logros materiales— es la llave de la felicidad.

Durante este tiempo, también he emprendido un viaje de crecimiento personal. Ahora cuento con una *coach* de mentalidad y una *coach* espiritual. Llevo un tiempo estudiando la hipnosis, la meditación y la respiración consciente (también conocida como *breathwork*). Y he cambiado por completo mi visión del mundo y el papel que desempeña el amor en éste. A partir de este crecimiento personal, he descubierto que el secreto de la felicidad es uno: dedicar tu vida a ayudar a los demás; crea oportunidades para las personas, apóyalas y alégrate por su crecimiento.

Por lo tanto, el objetivo de este libro es demostrar que, en palabras de Alan, podemos «entender los negocios como un medio para elevar la humanidad». En lugar de considerarlos una herramienta para ganar dinero, podemos, a través de los negocios, mejorar la calidad de vida de las personas y de las comunidades en las que viven. Este enfoque comprende tanto la mentalidad de #TheLazWay, propia de LAZ Parking, como la mentalidad de #PayItForward, liderar desde el corazón.

Mi objetivo es crear un efecto dominó de bondad, empatía y felicidad.

A saber: todos los conceptos sobre los que profundizo en este libro requieren de cierto tiempo y práctica para poder integrarlos en la vida diaria. A mí me llevó años, pero los resultados han sido increíbles.

Para ayudarte en el proceso, comparto contigo algunos consejos que he recibido de Alan a lo largo de los años. Cada capítulo comienza con una cita de él y luego ahondo en esta perspectiva a través de mi experiencia. Asimismo, concluyo cada capítulo con un espacio pensado para que reflexiones sobre lo aprendido a través de dos herramientas: 1) técnicas de hipnomeditación; y 2) la escritura a modo de diario como medio de indagación.

Los ejercicios te ayudarán a analizar cómo llevarlo a la práctica. Lo que busco es que, para ti, estos conceptos no sean abstractos, sino tangibles invitándote a reflexionar sobre la guía que ofrece cada capítulo y la sabiduría de Alan.

¿Y qué es la hipnomeditación?

La hipnosis y la meditación son maneras de reconfigurar nuestro cerebro. Todos pensamos siguiendo un mismo patrón: primero, tenemos un pensamiento; luego, éste crea una emoción y la emoción conduce a una acción y un comportamiento específicos. El 95 por ciento del proceso de cognición se da en el subconsciente. Por lo tanto, ni siquiera solemos ser conscientes de todos los pensamientos que cruzan nuestra mente y de la forma en que las experiencias pasadas nos afectan. Para ser capaces de modificar nuestro modo de pensar, tenemos que reconfigurar nuestro cerebro y comenzar a tener nuevos pensamientos a los que vinculemos emociones positivas. De esta manera, podemos modificar nuestro modo de actuar. Y es por este motivo por el que quería crear esta herramienta, para ayudarte a poner en práctica los principios de este libro con éxito.

Y lo mismo se aplica a los ejercicios de escritura a modo de diario. Plasmar en palabras lo que uno siente fomenta enormemente el propio bienestar. Incluso puedes disminuir los sentimientos de ansiedad y fortalecer tu sistema inmunitario poniendo por escrito tus sentimientos. Además, es una maravillosa manera de procesar la información que estás aprendiendo. Por lo tanto, te animo a conectarte de forma sincera contigo mismo y a pensar en cómo estás liderando tus negocios y tu vida. Sumérgete en estas dos herramientas y descubre quién eres hoy. Te ayudarán a definir a la persona que quisieras ser de aquí a cinco años. Una persona renovada, realizada y que lidera con amor.

Además, puedes ir registrando tu crecimiento en este viaje en el que aprenderás a liderar desde el corazón.

Por último, considero necesario disculparme con aquellos que conocieron esa primera versión mía y que sufrieron a causa de ello.

Llegué a Miami desde Barcelona soltero, con el corazón y un compromiso rotos y una relación comercial frustrada en la cual mi socio se había aprovechado por completo de mí. Hoy en día soy dueño de una empresa que genera casi 200 millones de dólares en ventas junto a mi socio, John, que se ha convertido en mi mejor amigo. Nuestros otros socios son Alan y Jim Goetz, inversionista de capital de riesgo y ex-CEO de Sequoia Capital (reconocido por inversiones como la de WhatsApp y considerado el principal inversor en empresas tecnológicas durante cinco años).* Y todo esto comenzó porque un querido amigo mío de la infancia, Gerard Subirats, me invitó a venir a Miami para ayudarle en su negocio de alquiler de coches, que terminé vendiendo a Lou La Vie. Si él nunca se hubiese puesto en contacto conmigo, posiblemente ni siquiera estaría aquí compartiendo este libro contigo.

* La Lista Midas de Forbes (los mejores inversionistas de capital de riesgo) posicionó a Jim Goetz en el primer puesto desde 2013 hasta 2017.

El Jordi de 2015 —que estaba sentado en su escritorio en aquel oscuro almacén y no tenía dinero ni para costearse un billete de avión a España— jamás se habría imaginado lo que la vida le tenía preparado. Estoy casado y tengo dos hermosas hijas que no existían cuando comencé a escribir el borrador de este libro. Y mi vida —en lo personal y lo profesional— es una vida de amor, por lo cual me siento profundamente agradecido.

Esto nunca habría sido posible sin el apoyo de John, Alan, Jim, Gerard y mi maravillosa mujer, Andrea. Gracias de corazón.

1

Abraza el pensamiento positivo

¿Qué cuesta alegrarle el día a alguien?

Domingo por la noche. El fin de semana llegaba a su fin y la ansiedad iba poco a poco haciéndose hueco en mi estómago. Solía sufrir este ritual cuando me disponía a afrontar la semana laboral. Como si me estuviese preparando para ir a la guerra.

En aquel entonces, trabajaba para una empresa internacional en Barcelona, España, como gerente de operaciones. Mi carrera acababa de comenzar, tenía tan sólo veinticuatro años y mucha energía y ganas de emprender mi camino empresarial. Así que me presentaba a trabajar todos los días, listo para encarar la jornada y dedicarme de lleno a mis responsabilidades. Era uno de los miembros más jóvenes del equipo y lideraba un grupo de trabajadores —casi todas mujeres— que me llevaban más de diez años de edad. Era el novato que cargaba con el peso de tener que probar su valía como empleado. Como gerente. Como emprendedor.

Y estaba listo para el desafío.

Sin embargo, cuando se aproximaba el domingo por la noche, me enfrentaba siempre a la misma condena inminente: el lunes. Y entonces, cada fin de semana, mi estómago sufría las consecuencias.

A la mañana siguiente, tenía que prepararme para soportar el peso de mi jefe una semana más. Si bien era un empresario muy sagaz, lideraba desde la negatividad y el miedo. Por lo tanto, cada día me veía obligado a aguantar que me presionara de forma implacable, me menospreciara y me gritara a mí o a alguien de mi equipo. El entorno de trabajo era tenso, desalentador y agotador desde el punto de vista mental y espiritual. Sin embargo, en ese momento no fui capaz de darme cuenta de lo opresiva que era esta situación. Para mí no era más que el único entorno laboral que conocía desde que me había graduado de la universidad. Así que, en lugar de quejarme, me tragaba el sapo e intentaba encajar.

Al fin y al cabo, así era el mundo de los negocios. Y como mi sueño era convertirme en empresario, creía que no me quedaba otra que tolerar aquella situación.

Durante la primera década del siglo XXI, en España, soñar con ser empresario era algo fuera de lo habitual. Una encuesta que se realizó en el país reveló que el objetivo de la mayoría de los jóvenes profesionales era ser funcionarios públicos y trabajar todos los días de ocho de la mañana a tres de la tarde. Si bien la paga no era extraordinaria, las horas de trabajo y el estilo de vida lo compensaban.

Pero ésa no era la vida que yo quería.

Me crie en una familia de clase media y desde muy joven supe que quería ser empresario. Cuando era adolescente, mi padre emprendió su propia compañía, por lo que los negocios eran parte de mi vida. Vi con mis propios ojos lo que implica ser tu propio jefe y desarrollar tu carrera fuera del entorno gubernamental. A pesar de las dificultades que mi padre tuvo que superar —y el modo en que esto en ocasiones nos afectó—, en general, éramos una familia feliz. Y yo quería eso mismo para mi vida, y mucho más. Estaba destinado al mundo de los negocios.

Así que me animé a soñar en grande.

En la universidad estudié un doble grado en Derecho y Administración de Empresas, con la idea de trabajar como gerente general de una compañía importante o de crear mi propio emprendimiento. ¿Cuál era mi objetivo? Ser superexitoso. A decir verdad, mis sueños a largo plazo eran bastante concretos: ganar dinero, conducir un bonito coche y poder ir a cualquier restaurante sin preocuparme por el precio.

Y estaba dispuesto a trabajar duro para tener ese estilo de vida.

Para lograr ese objetivo, quería aprender cuanto fuera posible sobre el mundo de los negocios. Siempre me dije a mí mismo que no priorizaría el ganar dinero hasta que cumpliera los treinta, que hasta ese momento me enfocaría en sumar experiencia empresarial. Tan pronto como percibí que ya había sacado todo el provecho de mi puesto en el área de operaciones, quise perfeccionar mi conocimiento sobre ventas. Así que me uní a una empresa como gerente de ventas. Años después me incorporé a otra compañía como director de ventas. Todo en industrias diferentes.

Mi único propósito era adquirir la mayor experiencia posible en el ámbito empresarial. Estaba dispuesto a todo para, en el futuro, ser exitoso y llevar la vida que tenía en mente. Aunque eso significara padecer de un entorno de trabajo opresivo.

Y entonces, volviendo a mi trabajo como gerente de operaciones, llegó el lunes.

Casco abrochado —metafórica y literalmente hablando—, me monté en la moto y fui a trabajar. Un accidente en la carretera me causó un retraso de diez minutos, que sabía que no sería bien recibido. Así que me detuve frente al edificio y respiré hondo. Aseguré mi armadura emocional y solté un «¡a por ello!» cargado de un falso optimismo, y crucé la entrada. Con cada paso que daba marcaba el destino de aquel día a medida que oía el agobiante sonido de las grandes puertas que me permitían el paso y luego me encerraban dentro.

Lo primero que vi fue la expresión de desaprobación en el semblante adusto y malhumorado de mi jefe, que con aspereza me dijo: «Hola, Jordi». A lo que yo respondí: «¡Hola, buenos días!», con una amplia sonrisa. Sin embargo, él entrecerró los ojos y espetó: «Llegas diez minutos tarde».

La sonrisa se me contrajo en el estómago. Miré alrededor. Los demás ya estaban allí, con la mirada gacha y desdichada. Se respiraba tensión. Y tan sólo era lunes por la mañana.

«Y vuelta a lo mismo», pensaba.

Llega un punto en el que, si estás lo suficientemente apaleado, comienzas a normalizarlo. Y aprendes a imitar el comportamiento de quien te oprimió.

Cuando llegué a Estados Unidos en diciembre de 2012 para perseguir mis sueños de tener mi propio negocio, traje conmigo esta mentalidad y este tipo de comportamiento. Sabía que iba en camino de convertirme en el empresario que quería ser para poder cumplir mi meta y ser exitoso.

Como me formé en un ambiente empresarial basado en el miedo, éste fue el enfoque con el que lideré. Si bien suelo ser una persona feliz y optimista, en ese entonces era gruñón, muy exigente, gritaba y no toleraba la incompetencia ni las tardanzas. Cuando los empleados «metían la pata», los despedía. Creía que de ese modo depuraba la empresa de eslabones débiles y fomentaba la eficacia. Y me enorgullecía del hecho de que los empleados no duraran mucho bajo mi liderazgo. Consideraba que mis «expectativas altas» y difíciles de cumplir eran rasgos de un buen líder.

No sabía lo equivocado que estaba.

Sé optimista y compártelo con los demás

Antes de llegar a Estados Unidos, me di cuenta de que muchos de mis amigos no esperaban que triunfase en el mundo de los negocios.

No era culpa de ellos.

En aquel momento, en España la gente no aspiraba a convertirse en empresaria. En esa época se creía que, si el dueño de una empresa tenía mucho dinero, no era gracias a sus buenas intenciones. «Debe de estar aprovechándose de sus trabajadores». Si conducías un Ferrari, pensaban: «Les está robando a sus empleados o alguna ilegalidad habrá cometido». Es que uno no podía simplemente ser un empresario exitoso.

Además, los seres humanos estamos configurados para ser negativos. Tendemos a aferrarnos a la negatividad con más fuerza que al optimismo y tomamos decisiones guiados por esta perspectiva. Este sesgo de negatividad se enraíza en la evolución del instinto de supervivencia (la reacción de lucha o huida).[1]

Por lo tanto, si bien podría decirse que soy una persona bastante positiva y sonriente (incluso tuve un profesor de Historia que solía referirse a mí como «Jordi, el chico de la sonrisa»), no siempre fui así dentro del ámbito empresarial.

En la familia donde crecí nunca nos faltó nada, pero tampoco éramos ricos ni contábamos con muchos ahorros. Si bien mi padre tenía su negocio, esto conllevaba sus altibajos económicos. Y mis padres hablaban mucho de este asunto con nosotros y nos involucraban en la conversación, por lo que, desde joven, fui muy consciente del dinero. Esta mentalidad que tuve de niño influyó en la persona que me convertiría luego y comencé a desarrollar cierta inseguridad en torno al dinero, tanto que, por lo general, me costaba correr riesgos al tomar decisiones dentro de una empresa. En lugar de pensar en lo que podía salir bien, me centraba en todo lo que podía fallar. Me obsesionaba con encontrar las lagunas y era allí donde ponía toda mi energía, en esas brechas.

Sin embargo, gracias a esta perspectiva no me centré en todos los caminos que tenía por delante y en la infinidad de oportunidades que acarrea una actitud optimista. Viéndolo en retrospectiva, dejé pasar muchísimos proyectos que podrían haber ido de maravilla de no haber sido por mi escepticismo y negatividad.

En un momento dado, cuando vivía en España me di cuenta de que debía marcharme de Barcelona e ir a vivir a otro sitio donde pudiera cumplir mis sueños. Sabía que debía rodearme de personas que fueran mejores que yo, que me desafiaran y me ayudasen a progresar. Es el único camino para llegar lejos en la vida: salir de la zona de confort y creer en ti mismo.

Y ésta es la mentalidad optimista y positiva que encontré en Alan.

Durante la carrera, me volví adicto a los libros de superación personal. En centenares de ellos leía: «Atraes lo que piensas». Siempre he creído en este lema, pero en aquel momento no estaba convencido de que fuese del todo posible. Cuando conocí a Alan, fue la primera vez que vi a alguien implementar esta filosofía en todo su esplendor.

Cuando fuimos por primera vez a la casa de Alan en Nantucket, él nos recogió del aeropuerto irradiando entusiasmo. Había invitado a un grupo de diez jóvenes profesionales que rondaban los treinta años de edad —entre ellos, mi socio John y yo— para hablar sobre un nuevo emprendimiento. Una vez en el coche, Alan encendió la radio y comenzó a sonar *Lovely Day* [Un bonito día] y a ésta le siguieron muchas otras canciones que también hablaban de la felicidad. Esa misma tarde, fuimos a la piscina y Alan volvió a poner la misma canción. De hecho, *Lovely Day* sonó durante todo el fin de semana. Y todos esos días observé el entorno de Alan y me percaté de que se rodeaba de fuentes de optimismo. Era la mismísima personificación de aquel concepto sobre el que había leído en infinidad de libros, lo llevaba impregnado en su *modus operandi*.

Alan atraía optimismo porque él mismo lo encarnaba, y de este modo, generaba aún más.

A lo largo del fin de semana, Alan no dejaba de repetir lo feliz y honrado que se sentía de poder pasar tiempo con nosotros, lo mucho que le entusiasmaba que estuviésemos trabajando juntos en aquel proyecto. Y, de esa manera, nos sentíamos valorados, escuchados e inspirados. Dedicó tiempo a fomentar días llenos de diversión y sonrisas al tiempo que nos enseñaba lo lejos que podíamos llegar con aquel emprendimiento, lo mucho que podíamos ganar y aprender. Su entusiasmo cargado de optimismo resultaba atractivo, convincente y era supercontagioso.

Para Alan, el concepto del optimismo se centra en jamás rendirse. Siempre dice: «Todo es posible, ¡no te limites!».

Él afirma que cada día las personas tienen la oportunidad de tomar decisiones. «¿Será ésta la decisión correcta? ¿Será que no? ¿Debería hacer esto? ¿Mejor no?». Les damos vueltas a estos pensamientos. Y la verdad es que no hay manera de saber si algo irá bien si no damos el primer paso. Sin embargo, muchos tomamos decisiones por adelantado. En nuestra mente, llegamos a una conclusión que, con frecuencia, no se condice con la realidad y dejamos pasar muchas oportunidades. Dejamos que los miedos y la negatividad tomen las riendas.

De este modo, ponemos un límite a las posibilidades que tenemos por delante.

Por otro lado, el optimismo impulsa el propio potencial. Distintos estudios demuestran que las personas optimistas tienen objetivos más claros y los persiguen, y suelen tener vidas más largas y saludables. En el entorno de trabajo, los empleados optimistas tienden a estar un 103 por ciento más motivados a dar lo mejor de sí.[2]

Y yo mismo he sido testigo de los resultados.

En aquel momento, cuando John y yo estábamos considerando hacer la primera compra importante de un coche clásico (el Lamborghini Miura S) para luego venderlo —yo tenía serias dudas al respecto—, la actitud de él era completamente opuesta a la mía. John, un eterno optimista, sólo veía una oportunidad que nos llamaba a la puerta. Y comenzó a contagiarle este optimismo y entusiasmo a Alan en aquella cena. En lugar de dejarse llevar por el escepticismo que a mí se me daba tan natural, John sólo veía potencial en este proyecto.

Y esto tuvo un papel trascendental en la decisión de Alan de emitir ese cheque por 50.000 dólares y de ayudarnos, sin ninguna garantía de que conseguiríamos devolverle ese dinero.

Aquel día, Alan tomó una decisión. Y gracias, en gran parte, al optimismo y entusiasmo con que John veía el potencial de nuestro proyecto, Alan nos sumó a la gran cadena de favores.

Y cambió nuestras vidas para siempre.

Comienza el día con una sonrisa y un abrazo

La primera vez que fui a la sede de LAZ Parking con Alan, flipé.

En aquel entonces, CURATED era bastante nueva. Si bien íbamos camino de ser una compañía exitosa, aún estábamos en proceso. Y, sin duda, yo aún no estaba acostumbrado a liderar una empresa desde una mirada de positividad.

Entrar en LAZ Parking fue como estar dentro de una película. Alan saludaba a voces a todos diciendo «¡Buenos dííííías!» con una amplia sonrisa dibujada en el rostro. Abrazaba a los empleados y les decía lo mucho que los quería.

De hecho, en LAZ Parking, todo el mundo se abraza, forma parte de la esencia del trato diario entre los empleados. Los ejecutivos comparten un Abrazo LAZ con los asistentes. Lo mismo entre compañeros de trabajo. Los líderes de equipo ofrecen un Abrazo LAZ a los proveedores. Y todos lo hacen de un modo genuino y afectuoso, deseando la felicidad de la otra persona.

Aquel día creí que Alan estaba loco. «¿Qué clase de empresario les dice a sus empleados que los quiere y los abraza?».

Y ante mí, una empresa con un flujo económico de miles de millones de dólares y con más de quince mil empleados que compartían abrazos. Algo asombroso, y efectivo.

Un par de años más tarde, observé este mismo comportamiento en un evento de LAZ de toda la compañía al que me invitaron a dar un discurso. Todos se saludaban con abrazos fervorosos y sonrisas. Y cuando digo todos es porque ¡todo el mundo se abrazaba! Jamás había presenciado un entorno tan cálido y alegre entre cientos de empleados. La energía era revitalizadora y contagiosa.

Con el paso de los años fui aprendiendo que este comportamiento no se da en casos aislados. Alan trata a la gente de este modo todos los días de su vida, tanto a nivel profesional como personal. Encara el día con una sonrisa y les regala este gesto a todas las personas con las que trabaja y con quienes se cruza en su camino. Da igual si eres conserje, secretario, ejecutivo de alto nivel o auxiliar de aparcamiento, Alan te saludará con una sonrisa y un abrazo. He observado a Alan dar miles de Abrazos LAZ con una gran sonrisa, y la reacción de la gente es maravillosa. Nunca he visto a nadie que se sintiera incómodo ante este gesto, sino todo lo contrario. El optimismo y la humanidad de Alan siempre generan un clima de calidez, apertura y diálogo. Y es que, para Alan, este comportamiento forma parte de ser una buena persona. Y sólo se puede hacer negocios siendo una buena persona.

Haz una pausa: piensa en el efecto que pueden tener una simple sonrisa y un abrazo en quienes te rodean. En tus familiares. En tus colegas. En tus empleados.

Una sonrisa genuina acompañada de un «buen día» puede tener un enorme impacto en el ambiente de trabajo. Este optimismo eleva la energía y la vibra de todo el equipo. Es más, el mero hecho de sonreír promueve un estado de ánimo positivo. El cerebro libera dopamina y serotonina, las hormonas del bienestar. La costumbre de sonreír también contribuye a reducir el estrés y la tensión arterial. Incluso el sistema inmunitario se ve fortalecido gracias al acto de sonreír. Además, las sonrisas son contagiosas.[3] Del mismo modo, los abrazos favorecen la liberación de oxitocina y tienen muchísimos efectos positivos sobre el bienestar de las personas.[4]

Y si un empleado es feliz, es más productivo y se siente más realizado. A través de un estudio se descubrió que el 65 por ciento de los empleados creen que recibir un trato respetuoso juega un papel decisivo a la hora de sentirse contentos con su trabajo.[5]

Imaginad un mundo en el que todos se levanten por la mañana con una sonrisa, donde todos busquen la oportunidad de ayudar a los demás mientras cumplen con sus tareas diarias.

Así pues, liderar con una sonrisa y un abrazo puede llegar a ser mucho más que un bonito gesto —puedes tener un impacto genuino y positivo en la calidad de vida de tus empleados—. Es una forma auténtica de demostrarles que los respetas.

Y, a fin de cuentas, fomentas una cultura empresarial que promueve la fidelidad y el éxito continuo.

Sueña en grande y cree en ti mismo

Antes de conocer a Alan, creía que soñaba en grande. Mis colegas y jefes me decían que llegaría lejos en el mundo de los negocios porque aspiraba alto y tenía una ética profesional marcada por la dedicación y la perseverancia. Trabajaba incansablemente. Sin embargo, cuando conocí a Alan, me di cuenta de que mis sueños no eran tan grandes como yo creía.

Un día, le presenté un plan de negocios para un posible proyecto. Fue directo al final, a la sección de «Cuenta de pérdidas y ganancias», me miró y dijo: «No entiendo por qué quieres invertir tu tiempo en este negocio». Su respuesta me impactó y no supe qué decir. Hasta que le respondí: «Porque podríamos ganar 500.000 dólares para fin de año». Sin embargo, él me miró y dijo: «A mí me parece que deberíamos olvidarnos de este negocio y centrarnos en otro en el que podamos invertir la misma cantidad de tiempo con la posibilidad de ganar un mínimo de 3 millones al año».

Su respuesta fue reveladora y una de las lecciones más importantes que he aprendido en mi vida.

En aquel momento, para mí, 500.000 dólares era una cifra descomunal y jamás había ganado esa cantidad de dinero. Por lo tanto, para mí ¡eso era soñar en grande! El problema era que atisbaba mi éxito a través de anteojeras. Desde mi punto de vista, sólo había un estrecho camino por delante. En aquel momento, Alan tuvo fe en que yo era capaz de hacer mucho más de lo que yo mismo consideraba posible. Él, a través de su optimismo, creyó en mi potencial más de lo que yo había creído.

Y me di cuenta de que mis pensamientos autolimitantes estaban íntimamente vinculados a mis propias experiencias y a las decisiones que tomaba.

A partir de entonces, comencé a codirigir una exitosa empresa millonaria que cada día me ofrece nuevas oportunidades. Y atribuyo gran parte de este éxito al hecho de haber aprendido a soñar en grande, a ser optimista y a creer en mi potencial.

Mirándolo en retrospectiva, el trabajo como gerente de operaciones fue de lo mejor que me ha pasado. A pesar de los altibajos del entorno laboral, adquirí un amplio conocimiento sobre el mundo empresarial y sobre los distintos desafíos que es necesario abordar para que la compañía funcione y prospere.

Además, aprendí cuál era mi manera natural de abordar los negocios —y esa negatividad no contribuye a mi crecimiento—. Para lograr ser mi mejor versión tenía que superar mis miedos y liderar desde el optimismo. Y, entonces, las oportunidades que tengo delante se tornan ilimitadas.

Así pues, querido lector, incluso si en este momento sientes que tus sueños son inalcanzables, recuerda esto: tienes mucho más potencial del que crees.

¡Todo es posible en esta vida! Te invito a acoger el pensamiento positivo y soñar en grande.

¡Cree, actúa, conviértete!

Escanea el código QR para acceder a una hipnomeditación guiada. Ésta te permitirá conectar la mente con el corazón y así experimentar por completo las emociones que se abordan en este capítulo. De esa manera, podrás acoger estos conceptos y transformar tu modo de proceder para convertirte en la persona que aspiras ser.

Diario

¿Comienzas el día con una sonrisa?

¿Qué es lo primero que haces al entrar en la oficina cada mañana? ¿Qué podrías cambiar?

¿Cuál es el impacto que esto podría tener sobre los demás?

¿De qué manera se puede fomentar el optimismo hacia los demás y alentar a los empleados a creer en sí mismos?

2

Habla con todos, y escucha

Habla con todo el mundo;
nunca sabes con quién estás hablando.

De niño, era tímido e introvertido y me costaba muchísimo conocer personas nuevas —y más adelante entablar contactos a nivel profesional—. Parte de esta timidez nació del hecho de que, debido al trabajo de mi padre, mi familia se mudaba con frecuencia, incluso llegué a cambiar de colegio entre siete y ocho veces. Y cada cambio conllevaba un difícil primer día de clases en cada escuela nueva a la que asistía.

Por lo general, conocer gente se me hacía una tarea titánica. Si alguien nos había presentado antes, la cosa se ponía un poco más fácil, pero estar en un cuarto con personas desconocidas me hacía sentir muy incómodo.

Y este rasgo de mi personalidad me siguió acompañando en la edad adulta.

Cuando comencé mi carrera en el mundo de los negocios, solía ir a la zaga de otros y respaldar sus ideas en lugar de liderar según mi propia visión. He emprendido cinco empresas en mi vida y jamás he sido la cara visible.

Una de ellas consistía en una agencia de alquiler de coches de lujo en Miami. En una ocasión, acudí a un evento que había organizado la Asociación de Conserjes de Miami con nuestro equipo. La idea era hacer *networking* con los recepcionistas de hoteles y condominios de lujo para presentarles nuestro negocio y conseguir más clientes. Uno de los socios de la agencia nos animó a que compitiésemos para ver quién se hacía con más contactos. Me paralicé. No me veía capaz de abordar a las personas —ni sabía cómo hacerlo—. Era nuevo en Miami, aún tenía un inglés bastante precario y no sabía por dónde comenzar. Sentí que la ansiedad iba escalando en mi interior...

«¿Cómo encaro a estas personas?»

«¿Qué les digo?»

«¿Qué pensarán de mí?»

En aquel momento, era una sensación habitual y estaba acostumbrado a que la ansiedad se apoderase de mí. Sin embargo, más adelante, Alan me enseñó lo importante que es conocer gente nueva y que el único modo de superar este miedo es hablando con todo el mundo.

La segunda vez que me encontré con Alan estábamos comiendo en el Edition Hotel en Miami Beach. Después de la comida fuimos al baño y Alan de inmediato se acercó a un hombre que estaba lavándose las manos y le tendió la suya al tiempo que se presentaba: «Hola, soy Alan Laz».

Me quedé asombrado al ver cuán directo era con un completo desconocido, ¡no daba crédito a mis ojos! «¿Quién conoce a una persona en el baño y encima le da un apretón de manos?», pensaba.

Salí de allí sintiéndome un poco avergonzado, ¿qué habrá pensado ese hombre de nosotros? Transcurridos unos minutos, Alan salió del baño con esta persona, hablaron otros cinco minutos, intercambiaron tarjetas personales y se despidieron con un abrazo. ¡No podía creerlo! Jamás había visto algo semejante en mi vida.

A lo largo de los años, he sido testigo en innumerables ocasiones de cómo Alan aborda a completos desconocidos: en vestíbulos de hoteles, en filas del control de seguridad en los aeropuertos, en aviones, restaurantes, ¡en cualquier sitio! Alan nunca deja pasar la oportunidad de conocer gente. Para él, cada nueva conversación puede dar paso a un vínculo significativo y trascendental.

Tener a Alan en mi vida supuso un punto de inflexión que me ayudó a superar mi propia timidez. ¡Lo hacía parecer tan sencillo! Siempre me ha animado a contarle al mundo lo que persigo y anhelo. Uno nunca sabe a quién tiene delante, tal vez esa persona te ayude a cumplir tus metas.

Cuando comencé a poner en práctica este método me di cuenta de que, al fin y al cabo, ampliar tu red de contactos no es tan difícil.

En un viaje de negocios que hice hace unos años, decidí presentarme al hombre que viajaba a mi lado en el avión. Antes de conocer a Alan, probablemente habría evitado entablar conversación con esa persona. Sin embargo, ese día quise proponerme el desafío y le saludé. Pronto me enteré de que era profesor universitario en Estados Unidos y que daba clases de oratoria. Su sueño era emprender su propia empresa como *coach* de comunicación y oratoria. Al notar la pasión que sentía por su sueño, le animé a seguir su corazón.

La oratoria ha sido siempre uno de mis puntos débiles —debido a mi timidez y personalidad introvertida, me costaba hacer acopio de la confianza necesaria para hablar en público—. Así pues, el hecho de encontrarme con alguien que se apasionara por la oratoria y quisiera hacer de ella su negocio llamó mi atención de inmediato. Terminamos intercambiando información de contacto y todavía seguimos hablando.

Y adivina lo que sucedió. Después de nuestro encuentro, consiguió emprender su proyecto y todo indica que hoy está feliz cumpliendo su sueño.

Escucha y procura que los demás se sientan oídos y merecedores de tu atención

Entonces, ¿cómo es que a Alan le resulta tan sencillo conocer gente nueva? ¿Cuál es su secreto? Imagino que te estarás preguntando: «¿Qué les dice a estas personas?».

Pues es bastante sencillo y para nada complejo. Alan simplemente comienza con un «Hola, soy Alan Laz». La otra persona se presenta y entonces Alan le hace una pregunta personal.

Y así la conversación toma vuelo.

Además, Alan siempre se asegura de preguntarles su nombre e incluso les pide que se lo escriban si es necesario. Como es lo primerísimo que hace, logra que la gente se sienta escuchada y merecedora de su atención. Incluso vuelve a verificar el nombre pasados unos minutos para asegurarse de recordarlo y que esta persona perciba el interés auténtico que él tiene por ella.

Lo he visto hacerlo una y mil veces en reuniones con empresarios y hasta con camareros y camareras en restaurantes. Es increíble cómo el hecho de demostrarle a la persona que tienes delante que quieres conocer y comprender su nombre —una parte esencial y básica de tu identidad— hace que nazca un vínculo. El acto de demostrar este interés genuino por el otro ha conseguido que lleguen a tratarnos como mismísimos reyes en muchos restaurantes. En reuniones de negocios, antes incluso de abordar el proyecto, la otra persona se ha mostrado dispuesta a cerrar un trato con Alan por haberle ofrecido muestras de interés, respeto y atención básicas.

Si te sientas a conversar dos horas con Alan, es muy probable que, de todo ese tiempo, tú termines hablando hora y media. Él empezará diciéndote con total sinceridad lo feliz que se siente de tener la oportunidad de conocerte. Luego hablará de manera escueta sobre él y su empresa y te contará la increíble historia de su familia. Pasada esta introducción, te preguntará sobre ti y pasará a escucharte con toda su atención. Te hará una pregunta tras otra y dejará que hables mientras su mente procesa todo lo que le dices. Después te dará un consejo o te hará alguna propuesta de negocios.

Y esta ecuación nunca falla. Porque a la gente le encanta que la escuchen.

De hecho, cuando en un entorno de trabajo se pone en práctica la escucha de calidad, esto acarrea muchos beneficios desde el punto de vista operativo; por ejemplo, enriquece el desempeño laboral, mejora el liderazgo y aumenta la confianza —e incluso disminuye la tasa de desgaste laboral (síndrome del *burnout*)—.[6] Cuando escuchamos con atención también logramos que el otro se sienta comprendido, y este mero hecho conduce a individuos más felices y sanos.[7] Las personas se sienten bien cuando los demás las escuchan y les muestran interés, en especial cuando les hacen preguntas para conocerlas mejor.

Alan me ha enseñado que un verdadero líder es aquel que escucha a los demás en lugar de hablar tanto de sí mismo. Escucha lo que los demás tienen para decir y descubrirás la cantidad de oportunidades gratificantes que la vida tiene reservadas para ti.

En CURATED, la escucha activa forma parte de la cultura de la empresa. Nos esforzamos por estar presentes, nos interesamos por cómo están los demás y valoramos las opiniones de los empleados en el proceso de toma de decisiones.

Hace poco uno de los empleados, a quien teníamos en gran estima, comenzó a adoptar una actitud negativa de liderazgo. Esto conllevó a que se creara un entorno tenso para los demás y comenzó a afectar la moral de los trabajadores. Había gente que no se sentía contenta y que ya no quería seguir trabajando con él.

Entonces nos tocó tomar una decisión: o bien lo desvinculábamos de la empresa para evitar que se siguiera gestando un ambiente tóxico de trabajo y para no arriesgarnos a perder a otros empleados, o bien podíamos escucharlo y darle la oportunidad de superar lo que estuviese atravesando en ese momento.

Y decidimos escuchar.

Lo primero que hicimos fue ofrecerle una baja remunerada de un mes para que se centrara en sí mismo. Incluso pusimos a su disposición sesiones de *coaching* de vida, y esperamos.

Pasado el mes, acordamos una reunión para saber qué tal había ido la baja, cómo se sentía y si quería regresar a CURATED. Como dije antes, teníamos en gran estima a este empleado. A fin de cuentas, sólo velábamos por su felicidad como persona, incluso si eso implicaba que se fuera de la compañía.

Cuando nos reunimos con él, le preguntamos cómo estaba y cómo había transcurrido ese mes. Nos compartió todo lo que sentía y nos contó que se había dado cuenta de que ya no quería trabajar en ningún puesto como gerente; también nos dijo que quería seguir en la empresa. Así pues, tomamos muy en serio todo lo que nos había confiado. Cuando terminó la reunión, creamos un puesto nuevo para él donde pudiera sentirse inspirado a aplicar sus talentos y pasiones, y que, al mismo tiempo, contribuyese al funcionamiento y crecimiento de la empresa.

Entonces, todos salimos ganando.

Si hubiésemos optado por no escucharlo, jamás habríamos descubierto la causa de su descontento. Tampoco habríamos tenido la oportunidad de, como amigos y como líderes, ayudarlo a preservar su bienestar y, como consecuencia, mejorar el entorno laboral para todos.

Si decides hablar con las personas y escucharlas, estarás fomentando la transparencia y es posible que tus vínculos se fortalezcan de un modo que jamás te habrías imaginado. Puedes crear oportunidades e incluso inspirar a los demás.

Y justamente de eso se trata hacer negocios. ¡De construir esta clase de vínculos!

¡Cree, actúa, conviértete!

Escanea el código QR para acceder a una hipnomeditación guiada. Ésta te permitirá conectar la mente con el corazón y así experimentar por completo las emociones que se abordan en este capítulo. De esa manera, podrás acoger estos conceptos y transformar tu modo de proceder para convertirte en la persona que aspiras ser.

Diario

¿Entablas conversaciones con personas que no conoces?

Si lo hicieses, ¿qué consecuencias positivas conllevaría?

Describe cómo hablas con los demás y cómo los escuchas. ¿De qué manera puedes reforzar estas habilidades?

3

Da de forma incondicional

> Ayuda a las personas desde el corazón. Cuando das de forma incondicional, lo recibes multiplicado por diez.

Siempre me ha gustado ayudar a las personas. La gente suele acudir a mí en busca de consejos personales o de negocios, y me siento honrado cuando me ofrecen la oportunidad de compartir con ellas diferentes perspectivas que pueden servirles. Disfruto enormemente de apoyar a los demás y aconsejarlos.

Este interés por ponerme al servicio del otro nació durante mi infancia y juventud. Cuando era niño, me crie en un entorno cargado de generosidad. Mis padres y mis abuelos siempre asistían a todo el que lo necesitara. Como consecuencia, la idea de retribuir a las personas y ofrecerles mi ayuda siempre ha sido una parte importante de mi propósito de vida.

Sin embargo, hace poco tiempo me di cuenta de que, en el momento de ayudar a los demás, centraba mi atención en las prioridades equivocadas. Hasta que aprendí a la fuerza.

Una semana en particular —llevaba poco tiempo trabajando en CURATED— me tocó a mí pedir ayuda. Acudí a dos amigos a los que había estado echando una mano en un asunto particular con la esperanza de que ellos me devolverían el favor. Sin embargo, en lugar de corresponderme de la misma manera en un momento en el que yo realmente lo necesitaba, se esfumaron por completo. ¡Dos veces en una semana!

Me sentí muy enfadado y molesto.

Necesitaba que alguien reconociera que me habían tratado injustamente, así que recurrí a mi mujer —en ese entonces novia—. Le hablé de lo injusto que me parecía todo esto porque yo siempre había estado allí para ayudar a mis dos amigos, que había dedicado un montón de tiempo y esfuerzo a brindarles apoyo no sólo en temas de negocios, sino también a nivel personal. Sin embargo, en lugar de compadecerse de lo que me había sucedido, ella me dijo: «Ése es tu problema, Jordi. Te encanta ayudar a la gente, pero siempre esperas algo a cambio. Por eso te molesta tanto esta situación».

Sus palabras me dejaron atónito, eran completamente ciertas. En lugar de ayudar a mis amigos de forma incondicional, siempre esperaba que me lo retribuyeran, esperaba que ellos hicieran lo mismo por mí. Lo estaba mirando todo al revés y esta mentalidad hacía que me enfocase en mí mismo y en lo que yo entregaba. Y, al hacerlo desde esta perspectiva, no estaba ayudando de verdad.

Me pasé días reflexionando sobre este momento esclarecedor. Me di cuenta de que todas las veces que había ayudado a alguien era esperando recibir algo a cambio.

Y a medida que conocía a Alan, esto se hacía más evidente.

Ayuda a los demás desde el corazón

> Cuando uno tiene la oportunidad de ayudar a alguien, ¡lo hace!

Solía llamar a Alan con frecuencia para darle las gracias por ser mi mentor y socio. «Deja de darme las gracias —me decía—. Soy yo quien debería dártelas a ti. Me has dado la oportunidad de ayudarte y no sabes lo bien que sienta.»

Al principio no entendía a qué se refería. ¿Por qué me agradece su ayuda?

Como anteriormente había ayudado a los demás a la espera de que ellos me retribuyeran de la misma manera, en esas ocasiones no me había sentido agradecido. Todo lo contrario, solía generarme mucha frustración que las personas no correspondieran mis actos. Pero cuanto más reflexionaba sobre las palabras de Alan y analizaba su forma de comportarse con los demás, comencé a comprender a qué se refería.

Ayudar a otros de forma genuina significa hacerlo desde el corazón, sin ataduras. Y cuando la vida te da la oportunidad de ayudar, debes aferrarte a ella.

Un claro ejemplo de esta mentalidad se presentó poco después de reunirme con Alan en la sede de LAZ Parking en Hartford, Connecticut. Alan le pidió a uno de sus conductores que me llevara al aeropuerto. Al subirme al coche, el conductor me preguntó si era empleado o cliente de LAZ, y le dije que era socio de Alan. El conductor se quedó sin palabras al instante, se puso colorado. Le pregunté si conocía a Alan y su tono de voz cambió y se suavizó: «El mundo necesita más personas como él».

Y yo estaba totalmente de acuerdo.

Luego me dijo, al borde del llanto: «Alan hizo algo muy especial por mí y jamás lo olvidaré. Siempre estaré disponible para lo que él y su familia necesiten». Me contó que un día, mientras llevaba a Alan a un sitio, su mujer le llamó. Se suponía que iban a llevar a sus hijos a Disney, pero, por desgracia, habían tenido que enfrentar algunos gastos imprevistos. Ya no podrían costearse el viaje. El conductor no se había percatado de que Alan le había oído decir que tendrían que cancelar las vacaciones. Cuando llegaron al aeropuerto, el conductor abrió la puerta del coche para que Alan pudiese bajar y éste le entregó un cheque por 5.000 dólares y le dijo: «Por favor, lleva a tu mujer y a tus hijos a Disney».

Esta historia me conmovió. La generosidad de Alan cambió la vida de esa familia. Claro está que no toda ayuda es monetaria, pero para este conductor y su familia, ese cheque les permitió hacer un viaje increíble que sus hijos recordarían para siempre.

Fue algo que me inspiró a seguir ayudando a los demás. Sin

embargo, para que esa ayuda fuese genuina, debía ser incondicional, desde el corazón.

Cuando Alan ayuda a los demás, no espera nada a cambio. Siempre repite que cuando entregas de forma incondicional, lo terminas recibiendo multiplicado por diez. Y para él ésta es una de las principales claves del éxito en la vida.

Y en CURATED hemos adoptado esta mentalidad.

Animamos a todo el mundo a ayudarse mutuamente y a estar disponibles para los demás. Si les pidieses a nuestros empleados que definan la compañía en una sola palabra, el 80 por ciento se decantaría por *FAMILIA*.

Y eso es justamente lo que debería ser una empresa: una familia.

Apoyamos a nuestros empleados a nivel profesional y personal. Siempre que alguien se encuentra con un problema económico, estamos allí para echarle una mano. Si alguien tiene un problema personal, la empresa le brinda apoyo —pero no sólo la empresa, sino todo el equipo—. En una ocasión, uno de nuestros empleados estaba atravesando un divorcio y debía ir al juzgado para luchar por la custodia de su hija. El juzgado estaba en Texas y la empresa le pagó el vuelo y el alojamiento. No tenía a ningún familiar que lo acompañase durante este proceso, así que yo mismo fui con él para apoyarlo. No queríamos que estuviese solo en un momento tan difícil.

Al fin y al cabo, para eso está la familia. Como dice Alan, cada oportunidad que se nos presenta para ayudar a otro es un regalo.

Desde que conozco a Alan, ha tenido dos ataques cardiacos. Tras el segundo, le pregunté por qué no bajaba el ritmo. Para mí, él es una persona que ha tenido mucho éxito en la vida y a estas alturas podría aflojar el paso y disfrutar de más tiempo para sí mismo y descansar. Pero siempre me he encontrado con la misma respuesta: «Jordi, me encanta crear oportunidades para las personas. Tengo el privilegio de haber dado trabajo a quince mil personas en mi empresa y quiero seguir creando más oportunidades».

Para Alan, la mejor manera de ayudar a los demás es dándoles la posibilidad de trabajar para así generar un ingreso. O bien contribuyendo a que el otro emprenda un negocio que crecerá y creará más oportunidades para otras personas.

Un ejemplo que ilustra esto a la perfección es el de la historia de un hombre llamado John.

Varios años atrás, yo estaba de visita en Nueva York con mi mujer y Alan se enteró de que estábamos allí. De inmediato envió a un chófer para que nos recogiera y nos llevara hasta Hartford. Pensé que se trataba del chófer personal de Alan, pero cuando comencé a hablar con él, me di cuenta de que compartían más que una simple relación laboral. Un día, Alan llamó para solicitar un viaje y a este chófer, John, le tocó hacerse cargo. Mientras éste conducía, Alan comenzó a hablarle y a hacerle preguntas sobre su vida, si le gustaba su trabajo y cuál era su objetivo en la vida. John le contó que estaba ahorrando dinero para emprender su propia empresa de servicios de chófer. Alan le dijo: «Ven a la sede de mi compañía la semana que viene y trae un plan de negocios». John ni siquiera sabía qué era un plan de negocios ni cómo elaborar uno, pero aun así se presentó. Tras aquella reunión, ambos emprendieron una empresa de servicios de traslado y el primer cliente fue LAZ Parking.

Hoy en día, John es dueño de una exitosa empresa de limusinas llamada Perfect Rides ('Viajes perfectos') y ha creado muchísimas oportunidades para sus empleados.

Gracias a que Alan entabló una conversación con él y se interesó en John de forma genuina, éste consiguió cumplir su sueño. De lo contrario, puede que John jamás hubiese compartido su sueño con Alan y le hubiese tomado mucho más tiempo emprender su negocio, o tal vez éste jamás hubiese visto la luz del día.

Sin embargo, Alan optó por hablar con él y escucharlo. Y, al hacerlo, encontró una oportunidad para ayudarlo. Cuando haces esto por otra persona, lo que le estás transmitiendo es: «Yo creo en ti». Al sentir que alguien a quien respetas cree en ti, haces todo lo posible por no fallarle. No sólo lo haces por ti, sino también por quien te brindó la oportunidad y tuvo fe en tu potencial.

De hecho, hay estudios que demuestran que tener fe en el otro mejora su desempeño. Cuando a las personas se les hacía evaluaciones sobre su rendimiento y se incluía la frase: «Comparto contigo estos comentarios porque espero grandes cosas de ti y sé que puedes alcanzar mis expectativas», estas evaluaciones eran un 40 por ciento más efectivas a la hora de modificar el comportamiento de los empleados.[8] La fe que expresaba su líder era la fuerza que los impulsaba a mejorar.

Volviendo al momento en el que John y yo compramos aquel primer coche para luego venderlo, una de las principales razones por las que confié en que podríamos recaudar 750.000 dólares en pocos días fue la afirmación de Alan: «Yo creo en ti». En aquel momento, no estaba seguro de que pudiésemos lograrlo, pero allí estaba, una persona que apenas me conocía, que creía más en mi potencial de lo que yo era capaz y que nos entregó un cheque de 50.000 dólares para crearnos esta oportunidad. Sabía que no podía fallarle.

Para nosotros, para John y para mí, aquella adquisición fue el inicio de CURATED. Después de conseguir ese negocio, Alan pasó de ser nuestro mentor a ser nuestro socio y fue una pieza clave para ayudarnos a construir una verdadera empresa.

La fe que depositó en nosotros al brindarnos esta oportunidad nos cambió la vida para siempre.

Cuando una oportunidad inesperada te devuelve la vida

> Antes de venir a CURATED, jamás había tenido la sensación de levantarme por la mañana e ir con gusto a trabajar. Es algo maravilloso. ¡Ahora me siento verdaderamente feliz!
>
> RUBEN

Ruben es una parte crucial de CURATED. Un quincuagenario inmigrante en Estados Unidos oriundo de República Dominicana que se ha convertido en uno de nuestros mejores empleados y que es de las personas más optimistas de la empresa.

Antes de trabajar en CURATED, necesitaba tres trabajos para poder subsistir: trabajaba en un condominio, como aparcacoches y en su propio servicio de lavado de coches los fines de semana. Desde que tenía memoria trabajaba los siete días de la semana de siete de la mañana a once de la noche, y en veinte años jamás se había tomado vacaciones. Además, con esos horarios veía muy poco a su familia, lo cual, como padre y abuelo, le causaba gran pesar.

John conoció a Ruben cuando éste trabajaba como aparcacoches en el edificio donde John vivía; también ofrecía servicio de lavado. Todos los días, mañana o tarde, Ruben lo saludaba muy alegremente cuando le entregaba el coche. John jamás había conocido a alguien que estuviese siempre tan feliz. Cuando él llegaba a casa tras un arduo día de trabajo, Ruben siempre lo recibía con una enorme sonrisa: «¡Hola, señor John!», le decía. Un día, John se dio cuenta de que Ruben trabajaba siete días a la semana y se preguntaba cómo era posible que se mostrase tan alegre trabajando tanto. Entonces le preguntó: «¿Cómo puedo ayudarte? ¡Tú siempre me ayudas a mí! ¡Tenemos que encontrarte un mejor trabajo, Ruben!».

John y yo quisimos hacer más por él. Un hombre que había trabajado con gran empeño toda su vida y que aun así necesitaba de tres trabajos para llegar a fin de mes. Así que decidimos crear una oportunidad para él: lo contratamos para que trabajara en CURATED y le ofrecimos un salario que le permitiera tener no tres, sino un solo trabajo. Además, por supuesto, contaba con vacaciones y los fines de semana libres.

El día que le hicimos la oferta, Ruben se echó a llorar, lo tomó por sorpresa. Dijo que las suyas eran lágrimas de felicidad ante el hecho de que quisiéramos ayudar a un anciano como él. No se había tomado un día libre en veinte años.

Para nosotros, aquella oportunidad fue muy gratificante.

Para Ruben, fue un antes y un después.

Dar segundas oportunidades

> En mi empresa, es casi imposible que te despidan. Tienes que liarla muy parda para que eso ocurra.

Alan es un gran defensor de las segundas oportunidades —y de las terceras, las cuartas, etcétera—. Lo único que pide a cambio es que la persona que recibe esa oportunidad se arrepienta del error y esté dispuesta a mejorar. Él cree en la capacidad de las personas para cambiar, pero sólo si de verdad reconocen que se equivocaron. Sin una disculpa y el deseo genuino de cambiar, no tiene sentido otorgarle una segunda oportunidad a nadie.

Para Alan, existen muchas maneras de echar una mano. Él ha optado por elevar la humanidad de la gente a través de los negocios. Los negocios otorgan dinero a las personas y el dinero les ofrece seguridad —comida, ropa, un techo—. El dinero también brinda la oportunidad de ayudar a los demás.

Un gran ejemplo de cuánto defiende Alan las segundas oportunidades se refleja en su iniciativa de crear un millón de puestos de trabajo para las personas que salen de prisión. LAZ participa en este proyecto a través de la campaña «Million Jobs» ('Un millón de trabajos') de la Asociación Nacional para el Progreso de las Personas de Color (NAACP, por sus siglas en inglés), en la cual Alan forma parte del consejo nacional. El primer paso hacia este objetivo se ha dado en Connecticut, donde se busca crear diez mil puestos de trabajo nuevos en un plazo de cinco años. Hasta el momento, LAZ ha creado más de mil trabajos a escala nacional en su propia empresa para personas que se reinsertan en la sociedad. Alan emprendió esta iniciativa porque descubrió que el 60 por ciento de las personas que salen de prisión sin trabajo vuelven a ingresar en prisión. Por otro lado, sólo el 15 por ciento de quienes se reinsertan en la sociedad con un trabajo reinciden. Por lo tanto, su empresa se sumó a un programa donde los reclusos con condenas perpetuas se transforman en mentores de los presos nuevos. Mientras están en la cárcel, estas personas se forman en el oficio de detallado de vehículos. Alan ha creado una empresa de detallado de coches que opera gracias a sus propias plazas de aparcamiento. Cuando los reclusos que han completado el programa salen de prisión, los contrata en esta empresa. Su objetivo es que logren encontrar un hogar y comiencen a retribuirle a la sociedad al menos diez veces más de lo que recibieron.

El objetivo de Alan es conseguir mil empresas que se sumen al proyecto.

Dentro de LAZ Parking, la persona que lidera esta iniciativa junto con Alan es un extraficante de drogas a quien Alan le ofreció un trabajo como personal de mantenimiento en el año 2004. Este hombre fue aprendiendo y creciendo dentro de la compañía, y hoy en día es uno de los gerentes y también es pastor en su comunidad.

Y todo empezó gracias a que Alan le dio una oportunidad y porque tomó esta decisión de forma consciente.

Desde esta perspectiva, cuando los negocios se llevan a cabo de forma consciente tienen el potencial de generar un impacto enorme en nuestras comunidades. De acuerdo con Conscious Capitalism®, una empresa consciente es aquella que sirve como una herramienta para crear valor y «resolver problemas sistémicos, incentivar a las comunidades y contribuir al cambio significativo». El capitalismo consciente comprende un modelo de negocios ético y de libre mercado donde se prioriza el valor de todas las partes interesadas: empleados, proveedores, comunidades, la sociedad y el entorno.[9]

Para mí, una compañía consciente es, además, aquélla en la que se lidera desde el corazón y se prioriza la humanidad de la persona brindando servicio con amor incondicional. Cuando lideras una empresa desde esta perspectiva, creas oportunidades para toda la comunidad, ya que de este modo:

- Apoyas la equidad.
- Inviertes en el bienestar de los demás.
- Fomentas la colaboración.
- Escuchas a las personas y actúas en función de sus necesidades.
- Promueves la inclusión.

¿Recuerdas, en el capítulo anterior, la historia que compartí sobre uno de los gerentes de CURATED que había creado un ambiente tóxico de trabajo?

Muy bien, pues decidimos ofrecerle un mes de baja remunerada para que se lo dedicara a sí mismo, quisimos darle más oportunidades. Cuando regresó y nos reveló los cambios que deseaba en su trabajo, lo escuchamos y creamos un nuevo puesto para él, y nuevamente decidimos darle una oportunidad.

En lugar de centrarnos en sus fallos, optamos por creer en su potencial y le brindamos un espacio para que decidiera qué necesitaba para ser feliz, ya fuese en CURATED o en su vida personal.

Y, ahora, esta felicidad se contagia a todas las personas con las que él interactúa a diario.

Establecer límites

A lo largo de este camino de dar a los demás de forma incondicional, he aprendido una lección importante, y es que también es necesario recordar que hay que establecer límites.

Ya comenté anteriormente que Alan da segundas oportunidades, pero sólo a aquellas personas que son capaces de disculparse y que tienen la voluntad de cambiar. Éste es un límite que ha establecido Alan a la hora de dar de forma incondicional. Es importante que las personas posean autoconsciencia y se responsabilicen de sus actos.

Al fin y al cabo, poner límites es establecer expectativas. Y al hacerlo, cultivas respeto por ti mismo y por la otra persona.

Ayudar a los demás tanto en la vida personal como empresarial tiene una gran importancia. Sin embargo, si te la pasas ayudando a otros sin impulsarlos a que cumplan su meta, entonces terminas dándoles un espacio para que reincidan en su comportamiento. Podrías fomentar que dependan de ti, que se aprovechen de ti, y esto te consumiría a nivel emocional, físico y espiritual.

Cuando le ofrecimos una baja remunerada de un mes a ese

empleado para que reflexionara sobre lo que le estaba sucediendo y sobre lo que necesitaba para ser feliz, establecimos un límite: aquél sería el último intento por ayudarle. Si esto no conducía al cambio que tanto él como nosotros necesitábamos para conseguir un ambiente de trabajo saludable, entonces tendríamos que continuar por caminos diferentes. Si bien nos habría entristecido enormemente no contar más con él, sabíamos que era necesario fijar un límite acerca de cuánto invertiríamos en su bienestar, tanto personal como profesional, si él no tenía interés en hacer algo al respecto. Si continuábamos ayudándole sin notar cambios positivos en el entorno laboral, entonces aquello terminaría afectando negativamente a todo el mundo: a él mismo, a los empleados que trabajaban para él y a la moral de la empresa.

Y él respetó el hecho de que hubiésemos trazado esa línea. Además, le demostramos que creíamos en su capacidad de decidir qué necesitaba en su vida. Por suerte, su caso tuvo un final feliz y logramos que una situación negativa se tornara en algo positivo, tanto para él como para la empresa.

Esto se consigue al establecer límites. Las personas entienden cuál es tu postura y comprenden cómo ajustar sus acciones a los límites que tú estableces, y de este modo cómo cumplir con tus expectativas e incluso superarlas.

El hecho de hacer negocios desde la perspectiva del amor incondicional no implica dejarte pisotear por los demás. Implica defender lo que para ti es justo, a tus empleados y priorizar el bienestar de todos. Cuando lideras con amor, fomentas el optimismo en todo el ecosistema de la compañía, y este optimismo se contagia.[10]

Y, así, hacer negocios deja de consistir en «¿cómo puedo ser feliz?» y empiezas a preguntarte: «¿cómo puedo hacer felices a los demás y fomentar la felicidad en nuestro entorno?».

¡Cree, actúa, conviértete!

Escanea el código QR para acceder a una hipnomeditación guiada. Ésta te permitirá conectar la mente con el corazón y así experimentar por completo las emociones que se abordan en este capítulo. De esa manera, podrás acoger estos conceptos y transformar tu modo de proceder para convertirte en la persona que aspiras ser.

Diario

¿De qué maneras ayudas a los demás a encontrar nuevas oportunidades?

¿Cómo podrías reforzar tu capacidad de entregar de forma incondicional?

4

Haz que las personas sean lo primero

> Tu grandeza depende de las personas que caminan y trabajan contigo.

¿Has oído hablar alguna vez de la sala de colonoscopia de una empresa?

Cuando trabajaba en aquella empresa internacional como gerente de operaciones, solíamos referirnos de ese modo al cuarto donde el jefe nos citaba para regañarnos. Como te comentaba antes, su liderazgo se cimentaba en el miedo. Si alguien cometía un error, amenazaba con despedirnos. Cuando oíamos sus pasos por el pasillo, todos agachábamos la cabeza y dejábamos de hablar. Como verás, el clima laboral era muy tenso.

Así pues, cada vez que mi jefe me decía: «Jordi, ¡sígueme!», mis demás compañeros murmuraban: «Oh, oh, colonoscopia».

Como yo trabajaba en el área de operaciones, me obligaba a analizar cada mínimo gasto. Tenía que reunirme con todos los proveedores —servicios de telefonía, bancos, los proveedores de impresoras, distribuidores de oro, desarrolladores de software, etcétera— para intentar sacarles hasta el último céntimo. Era el único momento que lo notaba feliz y orgulloso de mi trabajo.

En una ocasión, me encontré con un problema al darme cuenta de que el distribuidor de oro no nos había cobrado una compra que habíamos efectuado unos meses antes. Llamé al proveedor de inmediato para informarle sobre el asunto y, como era de esperar, me lo agradecieron muchísimo porque no se habían percatado de ello debido a un error de contabilidad. Estamos hablando de 25.000 euros, un pastizal. Cuando, satisfecho de mi descubrimiento, le conté a mi jefe lo que había sucedido, se enfureció y gritó a voz en cuello: «¿Por qué les llamaste? ¡Es su puto problema, no nuestro!».

La única respuesta que fui capaz de articular fue un abatido «vale» con la cabeza gacha. En el fondo, sabía que él estaba equivocado. «Tal vez el mundo de los negocios sea así, sin más», pensé.

Cuando llegué a Estados Unidos —antes de emprender CURATED— se me presentó la oportunidad de gestionar la compañía Lou La Vie. Fue la primera vez que trabajé como gerente general y comencé a aplicar lo aprendido: compensando a los empleados en la menor medida posible. Les exigía muchísimo para que dieran todo de sí. Despedía a quien llegaba tarde más de tres días seguidos y a cualquiera que cometía un error.

Como consecuencia, los empleados me temían, algo que para mí implicaba que me respetaban; sin embargo, ellos lo único que querían era conservar su empleo. En menos de dos años, por la empresa pasaron trece empleados. Y lo peor es que me sentía orgulloso de esta rotación de personal. Jamás me pregunté si el problema era yo, si yo lo estaba causando. Sin duda, algunos de esos empleados no podían seguir en la empresa, ¡pero no los trece!

Cuando emprendimos CURATED, al principio adopté esta postura de liderazgo. Hasta John, mi socio, me tenía miedo. «Exiges demasiado a la gente, tío. Tienes que relajarte», solía decirme.

Pero, al fin y al cabo, lo que sucedía era que aún era joven, tenía miedo y sentía que me quedaba mucho por demostrarme a mí mismo, a mis padres y a mis amigos de España. Quería que vieran que yo era capaz de ser exitoso, y ésta era la única manera que había aprendido de liderar.

Alan me quitó esa venda. Para él, «debemos poner el foco en las personas».

Lo primero que percibí de Alan fue que él jamás se enfada. Me costaba creer que una persona tan exitosa no fuera superexigente con los demás. En lugar de liderar a través del miedo, siempre intenta comprender los comportamientos de sus empleados. Alan se pone en su piel, ¿y lo más importante? ¡Los perdona cuando cometen un error!

Uno de los factores clave del éxito de Alan es su enfoque «People Over Profits» ('Las personas por encima de las ganancias').

Para él, el activo más importante de una compañía es su equipo de trabajo. De este modo, entiendes que debes invertir en tus empleados, darles la oportunidad de crecer dentro de la empresa, ascender en el escalafón y acceder a mejores salarios. Para que esto sea posible, no sólo debes esperar que puedan crecer por sí mismos, sino que también debes apoyar ese crecimiento.

Un empresario o líder de negocios debe ser al mismo tiempo mentor y maestro. Debe ser capaz de inculcar los valores de la compañía al tiempo que se muestra abierto a escuchar, más que a hablar. Son muchos los empresarios o líderes de negocios que no escuchan ni dan voz a sus empleados, ellos son los únicos que hablan. Como líder, debes ser capaz de atender a los desafíos profesionales de tus empleados —al igual que sus obstáculos personales— y ayudarlos en la medida de lo posible. Cuando una persona siente que pertenece a una empresa que la escucha y la ayuda, se vuelve más leal y, a cambio, da lo mejor de sí misma.

De hecho, los empleados con un alto nivel de pertenencia y compromiso son los que en general se sienten más escuchados en su entorno de trabajo.[11] Y las empresas que cuentan con los programas de escucha más efectivos tienen cuatro veces más probabilidades de conservar a sus empleados —incluso cuando hay un gran índice de deserción— y seis veces más probabilidades de cumplir sus objetivos financieros o superarlos.[12]

Es decir, involucrarte de forma activa con tus empleados conlleva muchos beneficios tangibles para las personas y para los negocios.

Que la felicidad sea prioridad

> Tu grandeza depende de las personas que caminan y trabajan contigo.

Cuando era empleado, solía odiar ir a trabajar, incluso cuando me encantaba lo que hacía. En las semanas en las que tenía que ocuparme de algo que no me apetecía en absoluto, me sentía sumamente desdichado; por lo tanto, no daba lo mejor de mí al hacerlo. Y esto afectaba mi productividad y felicidad dentro del trabajo.

Por lo general, un puesto laboral comprende diversas funciones y puede que los empleados odien realizar algunas de ellas. Pero todos somos diferentes. Nos gustan cosas diferentes y se nos dan bien distintas tareas y habilidades. Entonces, una manera de asegurarte de optimizar el rendimiento de todos es haciendo que los empleados se ocupen de las tareas que disfrutan realizar. Debes descubrir qué se le da bien a cada uno y hablarlo con ellos. Y, en la medida de lo posible, darles la oportunidad de poner en práctica esa habilidad. En la vida, nada es más importante que hacer lo que te apasiona. Como empresario, tu responsabilidad es hacer cuanto esté a tu alcance para que tus empleados descubran aquello que les apasiona y apoyarlos a lo largo del camino. De ese modo, tendrás empleados felices y motivados.

Puede que te preguntes: «Pero ¿acaso eso importa? ¿No se supone que los empleados deberían hacer lo que se les indica, les guste o no?».

La realidad no es tan sencilla.

Aunque no lo creas, el 70 por ciento de los empleados encuentran propósito en su vida a través del trabajo.[13] ¡Piénsatelo por un momento! El sentido de identidad y bienestar de la mayoría de la gente depende de lo felices que sean en su entorno laboral. Sin embargo, el 80 por ciento de las personas van al trabajo sólo para cobrar la nómina.[14] Esto quiere decir que, para la mayoría de los empleados, el trabajo no es más que una transacción, en lugar de ser aquello que los impulsa a conseguir su propósito de vida.

Así pues, el hecho de que se sientan motivados y realizados en sus funciones es de suma importancia.

Cuando los empleados encaran una tarea con pesimismo, el mero hecho de adoptar esa mentalidad les hará más difícil llevarla a cabo. Asimismo, les será más complejo sortear los obstáculos que puedan presentarse a lo largo del camino. Por otro lado, los empleados que aman lo que hacen se sienten motivados a cumplir con sus tareas. Al abordarlas con una mentalidad positiva, consiguen concentrarse mejor, abstraerse por completo y son más productivos. Como consecuencia, son más exitosos en su trabajo.[15]

Asimismo, recuerda que las empresas cuyos empleados se sienten más implicados son más exitosas a la hora de superar sus objetivos financieros.

Hoy en día, en CURATED procuro que el 80 o 90 por ciento del tiempo, los empleados se ocupen únicamente de tareas que les apasionan. De este modo, trabajan más inspirados y se sienten realizados a nivel profesional. Prefiero contratar a otra persona que haga las tareas que a éstos no les gustan, que cuente con la experiencia necesaria y disfrute al hacerlas. En las empresas donde todos trabajan en algo que les apasiona, se respira una energía muy difícil de explicar.

Logras crear una compañía imparable, llena de alegría. Y para esto, también debes abordar la felicidad desde una perspectiva holística. En lugar de sólo centrarte en las funciones que cumplen los empleados, debes preocuparte por su felicidad como personas.

En una ocasión leí una cita del gerente general de LAZ Parking en Florida, que decía: «El éxito se mide en función de lo feliz que es la gente que te rodea y del cumplimiento de tus metas». LAZ Parking cuenta con dos *coaches* de vida disponibles para todo el personal y ofrece su propio programa de formación en liderazgo para apoyar a los empleados y ayudarles a crecer. Es más, en LAZ tienen su propia universidad en el entorno de trabajo que se centra en fomentar el bienestar de los empleados y en desarrollar sus habilidades.

Después de ser testigo del éxito que ha tenido el modelo en el que se basa LAZ para poner el foco en la felicidad, lo hemos implementado en CURATED. En la actualidad, el bienestar de los empleados es primordial cuando se trata de brindarles apoyo.

Todos los lunes llevamos a cabo una sesión de *coaching* grupal de treinta minutos con nuestros empleados. Es un momento que les permite compartir sus logros, acciones de otros empleados que han valorado, etcétera... Básicamente es una oportunidad para expresarse. De este modo comenzamos la semana con energía positiva. En algunas sesiones, son los empleados quienes se ponen a la cabeza, éstas son de asistencia obligatoria y en ellas discutimos los siguientes temas:

1. Logros profesionales y personales. Acontecimientos importantes que hayan vivido la semana anterior.
2. Los valores de la compañía. Quién ha logrado adoptar estos valores a lo largo de la semana, y lo celebramos con aclamaciones.
3. Ejercicio de agradecimiento. Compartimos con los demás por qué nos sentimos agradecidos con otro empleado.
4. Historia de vida. Un empleado cuenta una situación personal por la que está atravesando. Esto nos permite ser más empáticos los unos con los otros al comprender lo que sucede en nuestras vidas.
5. Meditación grupal.

La energía que se respira tras estas sesiones es maravillosa. Todo el mundo encara la semana con entusiasmo y nos sentimos conectados a nivel personal, como amigos.

En otras sesiones, es la *coach* de vida quien toma el mando. Ofrecemos estos encuentros de *coaching* a todos los empleados y no son obligatorios. Hasta el momento, sólo tenemos un empleado que ha decidido no asistir. Organizamos las sesiones de cada trimestre en función de temáticas específicas:

- T1: aspectos físicos (sueño, ejercicio, alimentación, vitamina D)
- T2: emociones
- T3: creencias autolimitantes
- T4: adicciones (y temas relacionados)

Además, todos los años organizamos tres retiros fuera de la oficina y están abiertos para todos los que quieran participar. El objetivo es ayudar a las personas a desconectar de sus obligaciones laborales y a que se desarrollen como personas. Ofrecemos sesiones de respiración consciente y meditación, además de otras actividades centradas en el bienestar.

Desde que comenzamos a priorizar la felicidad, hemos visto cómo se ha elevado la moral de la empresa y esto ha impulsado la productividad.

Los empleados que se sienten felices y motivados rinden mejor en su trabajo, una fuerza positiva que, además, conlleva mejores resultados para la empresa y, a fin de cuentas, esto se traduce en más dinero y oportunidades para todos —para los empleados nuevos y los antiguos—. Debido a que en los entornos laborales se tiende a contratar empleados más jóvenes, en particular aquéllos de la generación Z, las empresas deben comenzar a centrarse en la felicidad de sus trabajadores. Para la generación Z, el bienestar mental es una prioridad, y son una generación profundamente orientada al propósito.[16]

Cuando un empleado está contento, se siente respaldado y cree en los valores de la empresa, los transmitirá al resto de los clientes, proveedores, familiares y amigos. De esta manera contribuirá a mejorar la comunidad en la que vive. Este efecto dominó actúa como una cadena de favores donde se contagia el optimismo.

Así pues, invierte en ellos y asegúrate de que sean felices y exitosos en todos los aspectos de su vida.

Cultiva el sentido de pertenencia en los empleados

Otro de los principios de la felicidad que aprendí de Alan es que debes procurar que los empleados actúen como si la compañía les perteneciera. Debes asegurarte de que ese empleado que contribuye al crecimiento de la empresa no sólo gane un salario a fin de mes, sino que forme parte activa del valor que ha ayudado a consolidar a lo largo de los años.

Puedes cultivar el sentido de pertenencia a través de la manera en la que compensas a tus empleados.

Una de las historias más impresionantes de Alan gira en torno a una ocasión en la que vendió una participación considerable de LAZ Parking por una asombrosa suma de dinero. La gerencia de LAZ se encuentra esparcida a lo largo y ancho del país y para compartir esta increíble noticia y expresar su gratitud a todo el equipo de gerencia, Alan y sus socios se comunicaron con cincuenta y ocho líderes que habían recibido acciones en LAZ a lo largo de los años. Premiaron la lealtad de estos empleados con un total de ¡35 millones de dólares! Algunos de ellos habían comenzado en la empresa como aparcacoches.

Imagina el impacto que tuvo semejante decisión en la vida de estas personas.

Alan y su equipo podrían haberse quedado con las ganancias o incluso haber invertido el dinero de otra manera, pero no. Decidieron invertirlo en su gente y así incentivar esta filosofía de «las personas por encima de las ganancias».

Como consecuencia, los empleados recibieron una considerable suma de dinero que repercutiría en gran medida en su futuro financiero —al tiempo que se sintieron respetados y valorados por sus contribuciones a la compañía—. ¡El éxito de la empresa era también suyo!

En CURATED, seguimos su ejemplo.

En el año 2020, cuando ya llevábamos cinco años asociados con Alan, vendimos el 25 por ciento de CURATED al ex-CEO de Sequoia Capital —considerado el principal inversor del mundo en empresas tecnológicas durante cinco años—, Jim Goetz. El día que firmamos el contrato y el dinero entró en nuestras cuentas experimenté algo que jamás había sentido. Había soñado con este momento desde siempre y creí que sentiría una felicidad suprema al encontrarme con tanto dinero. Sin duda, estaba orgulloso de lo que habíamos logrado, de que mi hija, que estaba a punto de nacer, tuviese estabilidad económica, pero algo me faltaba. No sentí el éxtasis que había previsto.

Y eso pronto cambiaría.

Al día siguiente, lo primero que hicimos fue compartir parte de esta ganancia con nuestros empleados. Sin ellos, jamás habríamos alcanzado este sueño.

Citamos a cada uno a la sala de reuniones para darles las gracias por su trabajo y les dijimos que recibirían un cheque por un monto que se correspondería con los años que llevaban trabajando con nosotros y no con el puesto que ostentaban. Al ver sus rostros, sus miradas y sus reacciones me sentí mejor de lo que jamás me había sentido.

¡Estaban en *shock*!

Para algunos, era una enorme suma de dinero y un gran porcentaje de su salario anual. Hubo empleados que se quedaron sorprendidos, sin palabras, algunos rieron, otros lloraron. John y yo tuvimos que contenernos muchísimo para no dejar escapar las lágrimas, y cuando el último salió de la sala, nos miramos y dijimos: «Sin duda, estamos haciendo algo bien», y entonces rompimos a llorar.

En aquel momento, todo lo que había aprendido de Alan a lo largo de esos cinco años comenzaba a cobrar sentido. El puzle que había estado armando a partir de mi relación con él como mentor y como socio de pronto empezó a tomar forma y a mostrar un cuadro maravilloso.

Anima a tus empleados a cumplir sus sueños

Marquise era el *detailer* de coches de CURATED que había comenzado a trabajar con nosotros antes de que fundásemos la empresa, en la compañía de alquiler de coches de lujo, Lou La Vie. Tenía un pasado personal difícil, debido a ciertas decisiones que había tomado y que lo habían llevado a la cárcel en un par de ocasiones. Pero queríamos darle una oportunidad y lo valorábamos mucho como persona.

Así fue como se convirtió en un empleado entregado de CURATED.

Lo que no sabíamos era que Marquise siempre había anhelado convertirse en conductor de camiones. Sin embargo, no tenía el dinero suficiente para seguir ese camino y ocultó esta parte de sí mismo.

Cuando decidimos compartir con los empleados la ganancia que habíamos obtenido al vender parte de la compañía, no sabíamos que esta acción le cambiaría la vida. Unos días después de que Marquise recibiera su parte, vino a hablar con nosotros para confesarnos su sueño de ser chófer de camiones. Y ahora que contaba con este dinero adicional, podría hacerlo realidad, podría cumplir su sueño.

Marquise terminó yéndose de CURATED, pero ¡pudo hacer su sueño realidad! Consiguió el permiso para conducir camiones y esto le permitió generar mucho más dinero para su familia.

Si bien perdimos a un empleado muy valioso, nos sentimos colmados de felicidad, pues al fin estaba cumpliendo su sueño.

Cuando actúas desde el corazón y ayudas a los demás, descubres el verdadero secreto de la felicidad.

Siempre creí que tal secreto se escondía en los bienes materiales, pero aquel día, y desde que comenzamos a priorizar la felicidad de nuestros empleados, me di cuenta de que cuanto más das y más oportunidades creas para las personas, más feliz eres.

Y la felicidad le gana de calle a la sala de colonoscopia, siempre.

¡Cree, actúa, conviértete!

Escanea el código QR para acceder a una hipnomeditación guiada. Ésta te permitirá conectar la mente con el corazón y así experimentar por completo las emociones que se abordan en este capítulo. De esa manera, podrás acoger estos conceptos y transformar tu modo de proceder para convertirte en la persona que aspiras ser.

DIARIO

¿De qué manera priorizas la felicidad de tus empleados?

¿Qué podrías hacer para priorizarla aún más?

5

Realza los aspectos positivos de las personas

> Motiva a las personas y hazles saber lo que ves en ellas: «¡Eres el mejor!».

Cuando trabajaba para otras personas, siempre daba por sentado que mis jefes me valoraban, aunque no me lo dijesen.

Sabía que era un empleado diligente que siempre iba un paso más allá en todas las tareas que me encomendaban y que tenía mentalidad de empresario, por lo que siempre aportaba nuevas ideas para mejorar la empresa.

Sin embargo, el único modo de saber que había hecho un buen trabajo era recibiendo más proyectos o un ascenso. A mis veinticuatro años, ocupaba un sitio en las reuniones con los gerentes más importantes de la compañía; ésta era su manera de demostrarme que contaban conmigo. Pero nadie nunca me dijo nada. Nadie nunca me citó a su oficina para agradecerme mi desempeño.

La única vez que hablaron de mi futuro fue el día que presenté la renuncia. Ese día hablaron de todos los increíbles planes que tenían en mente para mí, algo que nunca habían compartido conmigo.

Es una pena que muchas empresas esperen a que un empleado se marche para expresarle todo su reconocimiento. Pierden la oportunidad de fomentar la grandeza dentro de la compañía y en las propias personas. Cuando un empleado se siente reconocido, esto conlleva un montón de beneficios: mejora su moral, refuerza su desempeño, disminuye la tasa de deserción e incrementa la productividad. Incluso incide en gran medida sobre la satisfacción del cliente. Y todo esto se cumple sea cual sea la industria donde trabajes.[17]

Cuando reconoces el esfuerzo de una persona, te encuentras también ante la oportunidad de regalarle un chute de optimismo para su día. No siempre sabes qué sucede en la vida del otro, qué situación está atravesando. Puede que alguien llegue a trabajar desanimado o molesto por un motivo personal, puede que esté teniendo inconvenientes para lograr algo que anhelaba o que sienta que ha perdido la batalla para conseguirlo. Incluso puede que tenga a un familiar enfermo.

El asunto es que las personas, al ir a trabajar cada mañana, llevan consigo una infinidad de emociones y asuntos propios, ya sea que otros se percaten o que no. Y la realidad es que no requiere mucho esfuerzo brindar nuestro reconocimiento.

Por ejemplo, cada vez que Alan me llama, casi lo primero que me dice es: «¡Eres un crac!». A pesar de que me haya dicho esto innumerables veces, al oírlo siempre me saca una sonrisa y me alegra el día. Además, Alan también aplica esta actitud fuera del entorno laboral.

Recuerdo una ocasión en que estaba llevando a Alan al aeropuerto. Se dirigía a Las Vegas a una convención sobre aparcamientos y quería asegurarse de que la reserva del hotel estuviese en orden. Llamó a la recepcionista y durante toda la conversación le dedicó palabras maravillosas y fue superamable con ella. Cuando cortó, le pregunté por qué había hablado de ese modo. Pensé que tal vez la mujer creyese que Alan se estaba mofando de ella. Me miró desconcertado y me dijo: «¿Lo preguntas en serio, Jordi? ¿Qué cuesta alegrarle el día a alguien? Hoy, ella se irá a casa con una sonrisa». Alan se comporta de la misma manera con aparcacoches, con camareros en restaurantes, con sus empleados, ¡con todo el mundo! ¡Siempre se asegura de alegrarles el día a los demás!

Desde que descubrí este enfoque de Alan, intento hacer lo mismo con mis empleados en CURATED.

Una de las cosas que me propongo es caminar por la sala de exposición y por el taller mecánico para charlar con cada persona y ver yo mismo las tareas maravillosas que llevan a cabo. Los empleados hablan sobre su trabajo en las reuniones que tenemos los lunes por la mañana y me gusta ver su esfuerzo con mis propios ojos. Aprovecho mi hora de la comida para vincularme con cada uno y decirles, por ejemplo: «Me cuentan que estás haciendo un gran trabajo, ¡muchas gracias!». De esta manera, les demuestro que me importan, que los estimo y que estoy a su disposición. Y te das cuenta al instante de que valoran este reconocimiento, pues ¡se les ilumina la cara!

En otra ocasión, al regresar de un viaje de negocios, una de las primeras personas que vi al entrar en la empresa fue a uno de nuestros empleados que siempre está superfeliz y que es una maravillosa persona. Me hizo muchísima ilusión, así que se lo dije y le abracé. Al día siguiente, me envió un mensaje diciendo que necesitaba reunirse conmigo. Con anterioridad, él se había encontrado en un aprieto económico y nosotros le habíamos ayudado, así que pensé que tal vez quería hablar conmigo por ese mismo motivo. Pero me equivoqué. Me dijo que el gesto que había tenido con él el día anterior le había sorprendido, que cuando regresó a casa, se lo contó a su mujer y que se sintió de maravilla al saber que lo había echado de menos y que me había hecho ilusión verlo.

¡Sólo quería compartir conmigo lo mucho que había significado ese gesto para él!

Yo simplemente había saludado a un amigo, pero a él esto le hizo sentir importante, valorado. ¡Y eso es hermoso!

Todas las personas son buenas

Encuentra lo bueno en las personas.

Cuando comencé a pasar tiempo con Alan, recuerdo que me sorprendió mucho descubrir que él siempre confía en las personas desde el primer momento.

Una vez, estábamos en una reunión de negocios con otros empresarios y ellos me dieron mala espina. Alan es tan buena persona que me preocupó que estuviesen intentando aprovecharse de él. Así que le dije: «Alan, ésta no es buena gente», a lo que me respondió: «Jordi, ésa es la diferencia entre nosotros. Para mí, todas las personas son buenas».

Esa afirmación caló muy hondo en mí.

Antes de conocer a Alan, no confiaba del todo en los demás, tenía la idea de que la gente siempre buscaba aprovecharse del otro, que uno debía estar siempre alerta y cuidarse la espalda. Solía decir: «La gente no cambia». Para mí, no tenía sentido intentar marcar una diferencia en la vida de las personas, la gente es lo que es, nadie cambia. Y claramente no creía que todas las personas fuesen buenas. La noción de «incondicionalidad» no existía en mi mente, la idea de hacer algo por otro sin esperar nada a cambio me resultaba totalmente ajena. Si hacías algo por otra persona, entonces ésta en algún momento debía retribuírtelo.

Así pues, cuando Alan me hizo ver esta perspectiva con la que yo miraba el mundo, me obligó a encarar mis propias limitaciones. Reflexioné acerca de la forma en que concebía a los demás y los prejuicios que habitaban en mi mente, lo cual tenía un gran impacto en cómo afrontaba diferentes situaciones diarias, tanto a nivel profesional como personal.

Ese mismo día, hablamos con Alan acerca de alguien que me había decepcionado y él me dijo: «No te pongas a la defensiva. Si una persona se equivoca, perdónala. Enséñale. Cámbiala».

Dediqué muchos meses a darle vueltas a su consejo. Recuerda que, según lo que yo había aprendido, si alguien se equivocaba, había que echarlo. Por lo tanto, enseñar y perdonar a los demás era una idea que sacudía la base sobre la que yo había construido mi noción de liderazgo.

Evidentemente, conocer a Alan echó por tierra esta noción que yo tenía, algo que también he logrado gracias al crecimiento personal alcanzado a través del *coaching*. Desde que comencé terapia, siento que soy una persona completamente diferente, siempre he sido yo, pero he conseguido crecer y evolucionar..., cambiar. Y para mejor. Además, hoy sí creo que todo el mundo es buena gente, las personas que «no son buenas» cuentan con vivencias, emociones y conductas pasadas que han de sanar.

Con el tiempo, he sido capaz de valorar e intuir de forma correcta a qué se refería Alan y cómo aplicar esta perspectiva en la vida diaria. Cuando una persona actúa de un modo que para nosotros no es adecuado, solemos ponernos a la defensiva y actuar con aspereza, pero al hacerlo, estamos alzando un muro y coartando la posibilidad de llegar a un acuerdo y crear nuevas oportunidades. Como dice Alan, debemos creer que todo el mundo tiene buenas intenciones. Debemos reconfigurar nuestra reacción y aceptar que aquel acto que para nosotros es incorrecto no se hizo con el fin de lastimarnos; por el contrario, hay que pensar que esa persona cometió un error. Ahora tienes la oportunidad de perdonarla y ayudarla a través de un camino mejor. Pero para esto, debes liderar desde el amor hacia el otro.

Debo reconocer que esta lección ha sido una de las que más me ha costado asimilar y poner en práctica. Tuve que desaprender años de comportamientos que tenía arraigados y reconfigurar mis mecanismos básicos de respuesta.

En la actualidad, considero que este enfoque es un factor clave en la forma en que llevo adelante mis negocios y mi vida personal. Y aun así requiere esfuerzo, pero ¡los resultados son increíbles! Cuando las personas se enfrentan a una reacción tuya que es amable, honesta y amigable ante su acción «no tan amigable», se quedan estupefactas. Esta reacción tan inesperada les resulta confusa y las desarma, y entonces de este modo un adversario deja de ser el enemigo y pasa a ser un amigo.

He observado este efecto en todo tipo de contextos: con empleados, proveedores y clientes. Debido a que el mundo de los negocios que todos conocemos no suele seguir este modelo, los empleados nuevos no están acostumbrados a trabajar en un entorno afable. Así pues, cuando ven que la gente se trata tan bien y que a ellos también los tratan así, quedan impactados, les cuesta creerlo, y, en ocasiones, establecen límites y adoptan una actitud descortés. Creen que hay algo oculto tras esa fachada de amabilidad.

Pero en cuanto se dan cuenta de que nuestra incondicionalidad es auténtica, es genuina, pronto se relajan y acogen esa mentalidad. Y esto sucede también con clientes y proveedores.

La industria automotriz no es nada fácil y, por desgracia, en ocasiones no goza de muy buena fama. Muchos clientes se han acostumbrado a que se aprovechen de ellos al hacer negocios con otros; entonces, cuando entablan una relación comercial con nosotros, lo hacen con cautela. Por lo general, les sorprende que en nuestra empresa todas las personas sean muy amables —y a veces suelen creer que sólo queremos sacarles un montón de dinero—. Sin embargo, con el tiempo, se dan cuenta de que verdaderamente velamos por su felicidad.

Y, como consecuencia, construimos relaciones duraderas cimentadas en la confianza y el respeto mutuo.

Actúa como mentor. Ayuda a las personas a crecer

> Creo que, en el mundo de los negocios, todos necesitamos mentores, porque todos tenemos altibajos en la vida. Cuando puedes recibir una mano amiga o inspirarte en alguien, es un regalo.

Cuando estudiaba en España, leí acerca de la figura del «mentor». Siempre creí que era una idea bastante interesante, pero en mi país de origen era poco realista.

En una ocasión trabajé para una empresa que tenía sus principales clientes en España, Portugal, Francia e Italia. En un momento dado le pregunté a mi jefe si la empresa podría costear el 50 por ciento de un curso de francés, ya que quería aprender ese idioma para desempeñarme mejor en mi trabajo. Me ofrecí a pagar la otra mitad del curso y estudiar fuera de mi horario laboral. Mi jefe se negó rotundamente.

¡No me lo podía creer!

¿Cómo era posible que no quisiese ayudarme a invertir en mi formación para así brindarle un mejor servicio a él y a la empresa? No le estaba pidiendo que me costeara un MBA, simplemente quería estudiar francés para poder sumar valor a mi trabajo. Su negativa fue para mí una señal de que, para ellos, yo no valía ni siquiera esa pequeña inversión en mi crecimiento personal y profesional.

Entonces, por ésta y otras razones, renuncié. Si este trabajo iba a limitar mis oportunidades, entonces no tenía sentido seguir allí.

Cuando conocí a Alan, al fin comprendí lo que significa tener un mentor, e incluso ser uno. En ocasiones, cuando somos jóvenes, solemos creer que sabemos todo lo que hay que saber sobre los negocios. Esta actitud nos lleva a cometer muchos errores y, sobre todo, nos hace perder tiempo muy valioso. Nos centramos en hacer las cosas de la manera equivocada al dejar que el ego sea la vara con la que medimos nuestra valía y orgullo. Sin embargo, un liderazgo guiado por el ego es increíblemente inefectivo tanto para el crecimiento personal como para tomar decisiones empresariales. Es más, una de las cualidades más exitosas de Alan es su capacidad de actuar con el corazón y no con el ego.

Cuando John y yo le llamamos para hablar sobre nuestros proyectos, Alan nos pide que antes de la charla elaboremos una lista con posibles soluciones a nuestros problemas. Su objetivo es que debatamos juntos las ideas, y para hacerlo de manera efectiva, tenemos que dejar el ego fuera y aceptar que existe la posibilidad de que no lleguemos a la respuesta correcta por nuestra cuenta.

Al terminar nuestra charla, suele suceder que casi nunca escogemos una solución que nosotros hayamos sugerido, sino que creamos una nueva que nace gracias a todo lo que aportamos entre los tres. Esta lluvia de ideas es una forma maravillosa de ver cómo un empresario experimentado ve el mundo de otra manera. Alan nos ayuda a reflexionar acerca de nuestros obstáculos y a contemplarlos a partir de su mirada, sus muchos años de experiencia, e incluso a partir de los errores a los que ha tenido que enfrentarse. La guía de Alan ha impulsado en gran medida nuestro crecimiento.

Muchos estudios demuestran que, efectivamente, la mentoría funciona.

El 75 por ciento de los ejecutivos afirman que atribuyen su éxito al hecho de tener mentores.[18] Asimismo, los empleados que cuentan con mentores tienen el doble de probabilidades de sentirse más implicados en su trabajo y un 98 por ciento más de estar completamente de acuerdo en que recomendarían la empresa para la que trabajan por su gran entorno laboral.[19] A partir de esto surgen muchísimos beneficios, como el aumento de salarios, ascensos y mejora de la retención del talento.

En CURATED, contamos con aproximadamente treinta y seis personas y seis socios en varios proyectos diferentes. No sólo apoyamos a nuestros empleados, sino que los incentivamos para que estudien y crezcan a nivel profesional todo lo que sea posible.

Con este objetivo en mente, la mejor parte de mi trabajo es brindarles mi guía y mentoría: verlos crecer, ayudarles a llevar a cabo su trabajo y aprender de cada uno de ellos. Son, sin duda, mejores que yo en todos los aspectos de su área de especialidad. Por mi parte, se me da verdaderamente bien ayudarlos a crecer desde el punto de vista profesional y económico. Paso la mayor parte del tiempo con el equipo asegurándome de que mis empleados sean felices y se sientan realizados en su trabajo. Siempre les digo que su crecimiento profesional no debe tener techo, y que, al hacerlo, su salario —con nosotros o en cualquier otra compañía— también crecerá de forma exponencial.

Porque, a fin de cuentas, es probable que el tiempo que un empleado pase en tu empresa tan sólo forme parte de un capítulo de su carrera. Cuando actúas como su mentor y fomentas su crecimiento, le ayudas a que tenga éxito en su propia vida. Inviertes tu tiempo y experiencia en su futuro más allá del valor que aporte a tu compañía.

¿Recuerdas que te dije que la mayoría de los empleados encuentran propósito en su vida gracias al trabajo?

Cuando brindas mentoría, no sólo contribuyes a su éxito profesional, sino que les ayudas a encontrar un propósito y un camino. Los impulsas a que crean en su propia valía como personas. Y tienes la oportunidad de marcar la diferencia respecto a cuán realizados se terminarán sintiendo en diferentes aspectos de su vida.

Y ése, querido lector, es uno de los regalos más maravillosos que existen.

¡Cree, actúa, conviértete!

Escanea el código QR para acceder a una hipnomeditación guiada. Ésta te permitirá conectar la mente con el corazón y así experimentar por completo las emociones que se abordan en este capítulo. De esa manera, podrás acoger estos conceptos y transformar tu modo de proceder para convertirte en la persona que aspiras ser.

Diario

¿Qué es lo primero que percibes en las personas? ¿Lo bueno o lo malo? ¿Por qué?

¿De qué maneras fomentas el crecimiento de tus empleados a nivel personal?

¿Cómo puedes promover más este tipo de oportunidades?

6

Celebra las victorias

Venga, ¡démosle una ovación de pie!

Antes de conocer a Alan, yo no era una persona muy positiva. Si bien era bastante simpático y me mostraba sonriente, solía enfocarme en lo que no iba bien.

Tanto en mi vida personal como en los negocios, dedicaba muy poca energía —o incluso nada de energía— a pensar en todo lo que sí iba bien. Cuando solucionábamos algún problema en el trabajo, ni siquiera lo celebraba, sino que sólo sentía la carga de tener que lidiar con el siguiente problema. Más adelante, en mis distintos puestos de liderazgo y dentro de CURATED, terminé acarreando esta mentalidad hacia las compañías y empleados con los que trabajaba.

Esto era un enorme lastre, ¡y yo ni siquiera me daba cuenta!

Así pues, la primera vez que vi a la gente de LAZ Parking dar una ovación de pie, me quedé estupefacto.

Siempre que Alan se entera de que alguien ha hecho un buen trabajo, se para y dice: «¡Venga! ¡Démosle una ovación de pie!». Y anima a todos los que están a su alrededor a hacer lo mismo, a aplaudir y brindar reconocimiento a esa persona. No importa la cantidad de gente que haya, Alan siempre se pone de pie, lo he visto hacerlo incluso hablando por teléfono.

La energía que se respira cuando la gente hace esto en una sala repleta de personas es revitalizante. El hecho de que todo el mundo se ponga de pie para una ovación grupal carga el ambiente de felicidad y empoderamiento. Además, el grupo y la persona que recibe el reconocimiento crean un vínculo más profundo con el proyecto y con aquellos que trabajan en él.

Cuando dedicamos mucho esfuerzo a algo y el resultado es bueno, a todos nos gusta que se nos reconozca. No hay nada más motivador que el hecho de que tu jefe —o alguien a quien respetas y admiras— te diga: «¡Qué gran trabajo!». Ese reconocimiento te anima a esforzarte por hacerlo incluso mejor la próxima vez.

Hay numerosos estudios que respaldan esto.

Al evaluar qué es lo que contribuye a que un empleado tenga su «mejor» o «peor» día en el trabajo, se ha comprobado que los «mejores días» son aquéllos en los que se progresa en un proyecto tanto de forma individual como grupal. Y las palabras de respeto y ánimo son grandes catalizadoras de este sentimiento.[20] Los «peores» días de trabajo suelen estar vinculados a aquéllos en los que las personas recibieron muy poca motivación y respeto. Las actitudes positivas en el entorno laboral benefician a la compañía a nivel general. Los empleados tienen menos conflictos, trabajan con más eficiencia y consiguen mayores logros.[21]

En 2024, asistí a un encuentro anual de empleados de LAZ. Una de las cosas que más me impresionó fue el poder que genera una ovación de pie. A lo largo de los tres días que duró el encuentro, hicieron este gesto ¡más de doscientas veces! Imagina por un momento la fuerza y la energía que se respiraban en esa sala donde había trescientas personas haciendo ovaciones de pie constantemente. Y no era para nada forzado, reaccionaban así de forma genuina para reconocer el trabajo de otros. Celebrar los logros de los demás es parte del ADN de LAZ. Y aquel día fue evidente que este gesto hacía que todo el mundo se sintiera más feliz.

Que suene la campana

En 2017, dos años después de haber fundado CURATED, Alan nos invitó a mi mujer y a mí a pasar un fin de semana con él y su familia en Hartford. El lunes quería que visitásemos la sede de LAZ. Esa mañana nos dijo: «Venid conmigo, chicos. ¡Os voy a enseñar algo!».

En aquel momento no sabía que estaba a punto de ser testigo de una de las experiencias empresariales más impactantes de mi vida.

Todos los lunes, en LAZ Parking hacen la llamada de la VICTORIA y yo tuve la oportunidad de participar en la reunión de ese día. Los gerentes de todos los estados donde LAZ Parking opera se reúnen por llamada una vez a la semana para celebrar sus victorias.

Consiste en esto: Alan anuncia el nombre de cada estado y les pide que compartan sus victorias semanales. El gerente de ese estado comunica sus victorias y entonces Alan se dirige hacia una enorme campana antigua que tiene en la oficina y la hace sonar bien fuerte. Todo el mundo está encantado y suenan vítores y aplausos. Y así sucesivamente celebran cada una de las victorias.

Al verlo, quedé anonadado, perplejo... ¡y me sentí revitalizado! Jamás había visto nada igual en el mundo de los negocios. Necesitaba saber más.

Esa noche, durante la cena, le pregunté a Alan por qué sólo se centraban en las victorias y no también en los problemas, teniendo en cuenta que todos los equipos participaban de la llamada. Él me explicó que la idea era comenzar la semana con optimismo y hacer hincapié en crear un clima de celebración entre el equipo de la gerencia. De este modo, consigue darles ánimo para encarar la semana. Posteriormente, él ayuda a los gerentes a resolver los problemas que cada uno tenga de forma individual.

Me pasé varios meses dándole vueltas a esta perspectiva. Este concepto me desafiaba hasta la médula.

Tras reflexionar acerca del enfoque de Alan de celebrar las

victorias, me di cuenta de que tenía toda la razón. De haber utilizado ese tiempo de la reunión para abordar los desafíos a los que se enfrentaba cada estado, la energía habría decaído. La llamada habría sido más larga y las personas no se habrían sentido tan revitalizadas. Y, sobre todo, nadie habría iniciado la semana laboral con motivación y entusiasmo.

Así que decidí cambiar mi propia perspectiva.

Hoy en día considero que es de extrema importancia dedicar tiempo y energía a reconocer las victorias. Cuando algo va bien, hay muchísima gente detrás que se esforzó para que sea posible. Y se debe reconocer ese esfuerzo.

En CURATED, tenemos muchas maneras de reconocer los logros. Una es a través de las reuniones semanales. Todos los lunes reunimos al equipo y una de las primeras cosas que les pido a los empleados es que reconozcan y agradezcan en público a quienes la semana anterior hayan hecho algo bueno por otros o por ellos. Hay gente que ha agradecido actos tan simples como que les preparasen un café. Pero ese empleado que preparaba café cubano ni siquiera se había percatado del impacto que tenía en los demás. ¡Un gesto tan simple hacía feliz a todo el mundo! Y es maravilloso que se reconozca a los empleados sus gestos de amabilidad. El hecho de ver a una persona sonreír y sentirse realmente valorada —en ocasiones ni siquiera se dan cuenta de que su acción tuvo un efecto positivo en los demás— te revitaliza. También comenzamos la semana estableciendo una conexión profunda entre los empleados, y la energía que se vive es mágica.

Además, reconocemos los logros de los empleados de forma trimestral.

Al final de cada trimestre, organizamos un encuentro que denominamos «The State of the Company» ('El estado de la empresa') durante el cual repasamos el propósito principal de la empresa y su significado. Luego, el jefe de cada departamento presenta las victorias de su equipo a lo largo del trimestre. Concluido esto, presentamos los «Galardones a los valores», donde se reconoce públicamente a las personas por su trabajo y por actuar en consonancia con los cinco valores fundamentales de la compañía.* Y todo el mundo participa en este reconocimiento. Una semana antes del evento, enviamos una encuesta a los empleados y les preguntamos a quién se debería premiar ese trimestre y por qué. Se selecciona a una persona por cada valor y quien obtiene más votaciones gana un galardón.

Es un momento maravilloso porque los ganadores se sienten reconocidos por sus compañeros y perciben que su trabajo no pasa desapercibido. Además, es un gran ejercicio para que el equipo entero se conecte con nuestros valores fundamentales, que los pongan en práctica y vean cómo otros lo hacen. También organizamos reuniones trimestrales fuera de la oficina para centrarnos en el compañerismo, con eventos como ir a los karts, salir a cenar, jugar a los bolos o ir a un minigolf.

Desde que comenzamos a reconocer estas victorias y a cultivar momentos positivos, hemos notado que la moral de todos los empleados ha escalado muchísimo. Y, a partir de estas experiencias, el vínculo entre ellos también se ha fortalecido.

Y, hoy en día, ¡no concibo otra manera de hacer negocios!

* Los valores fundamentales de nuestra empresa son: 1. Usa el corazón; 2. Sé respetuoso; 3. Sé auténtico; 4. Únete al sueño/CURATED; 5. Emprende. Y el propósito principal de la compañía es: CURATED, donde los sueños conducen y la pasión y la historia se preservan durante generaciones.

¡Cree, actúa, conviértete!

Escanea el código QR para acceder a una hipnomeditación guiada. Ésta te permitirá conectar la mente con el corazón y así experimentar por completo las emociones que se abordan en este capítulo. De esa manera, podrás acoger estos conceptos y transformar tu modo de proceder para convertirte en la persona que aspiras ser.

Diario

En la actualidad, ¿cómo reconoces los logros e hitos de tus empleados?

¿Qué podrías hacer para celebrar aún más esas victorias?

7

Lleva tu humanidad a los negocios

¿A quién estás ayudando? Allí tienes tu respuesta.

Todas las decisiones que tomaba en lo relativo a los negocios antes de conocer a Alan partían de la siguiente pregunta: «¿Qué es lo mejor para mi empresa y para mí?».

Analizaba las ganancias en relación con las pérdidas, escarbaba en busca de ineficiencias, estudiaba cuál era la opción que suponía un mejor coste-beneficio y quién me ofrecía más. Y de este modo mantenía una perspectiva cerrada y sólo me enfocaba en el negocio y en su éxito o fracaso, al igual que en mi propio éxito o fracaso.

Todo cambió cuando conocí a Alan.

En una ocasión, cuando hacía poco tiempo que había comenzado la mentoría con él, llevaba todo el día dándole vueltas a una decisión que debía tomar en la empresa. Tenía dos opciones frente a mí, ambas eran buenas para la compañía, por lo que no sabía por cuál decantarme. Entonces Alan me llamó, le expliqué el dilema en el que me encontraba y me preguntó: «¿A quién benefician estas opciones?». Respondí: «Ambas son buenas para la empresa», entonces él me dijo: «Piensa en las consecuencias de tu elección. Si vamos por la primera opción, ¿a quién estaríamos ayudando? Si vamos por la segunda, ¿a quién ayudaríamos en ese caso? ¿Cuál de las dos crearía más oportunidades para las personas?».

Quedé estupefacto.

Jamás me había planteado tomar una decisión en función del beneficio que pudiera suponer para los demás.

Cuando terminamos la charla, mi mente no dejaba de cavilar sobre esta nueva perspectiva. Alan, con sus palabras, había desafiado por completo mi manera de pensar y lo que para mí era hacer negocios. Priorizar la felicidad de los demás dentro del ámbito empresarial te obliga a pausar un momento tu vida y conectarte con tu consciencia, para actuar desde ahí. Y salir de tu ego. Hacer negocios va más allá de prestar un servicio o vender productos, pues se trata de vincularte todos los días con los demás. ¡Son las personas quienes lo hacen posible! Desde los proveedores con los que trabajas, a los empleados que contratas y los clientes a quienes prestas un servicio. Todas y cada una de estas relaciones surgen de conexiones interpersonales. Y tú tienes la oportunidad de priorizar la humanidad y de liderar desde esta perspectiva.

Así pues, la ganancia económica no lo es todo, también es importante centrarnos en el impacto que tiene ese negocio. Al abordarlo de esta manera, puede que algunas decisiones supongan menos rentabilidad a corto plazo; sin embargo, a largo plazo tendrás un efecto mucho más significativo en la comunidad.

Cuando comprendí la pregunta que me planteó Alan, ¡obtuve la respuesta! La segunda opción ofrecería una mejor oportunidad a uno de nuestros proveedores, que era una empresa más pequeña. Y esto, a su vez, incidiría sobre sus empleados. La opción uno implicaba a una compañía más grande en la que nuestro negocio no tendría el mismo impacto. Al abordarlo desde esta perspectiva, la respuesta fue evidente.

¿Y qué significa «priorizar la humanidad»?

Alan es un gran defensor de la idea de que el capitalismo debería elevar la humanidad a través de los negocios y crear contextos en los que todas las personas se beneficien. Como verás, no estoy hablando de situaciones donde sean las empresas las que salgan ganando, pues esta perspectiva lleva a que los negocios sólo se centren en la compañía y en las transacciones. Con frecuencia, los empresarios encaran una situación como si se tratase de ganar o perder: «Si me decanto por ABC, entonces mi empresa se beneficiará o no de XZY». En esta ecuación no hay sitio para la humanidad. Sólo nos centramos en 1) nuestras acciones individuales y 2) el éxito o fracaso de la empresa.

Para poder llevar la humanidad a los negocios, Alan considera que es necesario que te enfoques en las personas. Debes velar por su bienestar, por sus comunidades —y por el cuidado del medioambiente— y por cómo tus acciones tienen un impacto positivo en sus vidas. Hacer negocios pensando en cómo esto ayuda a otra persona es un maravilloso gesto de amor, porque te preocupas de forma genuina por la felicidad y el bienestar del otro. Para tomar una decisión, no basta con fijarte en la hoja de cálculo o echar cuentas. Poner el foco en la humanidad y ayudar a los demás implica conocer a esa persona. Y esto suele llevar más tiempo, necesitas tener mayor conocimiento de ella y saber en qué situación se encuentra. Requiere tener una mayor consciencia sobre el efecto de tus acciones y decisiones.

Así pues, dejas de hacer lo que es mejor para la empresa y comienzas a hacer lo que es mejor desde el punto de vista de la humanidad, y esto, a su vez, también será lo mejor para la empresa.

Priorizar a las personas por encima de las ganancias

> Cuando uno tiene la oportunidad de ayudar a alguien, ¡lo hace!

He oído a Alan decir esto muchísimas veces. Ayudar a los demás es parte integral de su manera de hacer negocios.

La filosofía de Alan de «las personas por encima de las ganancias» es la brújula con la que LAZ Parking y él actúan para llevar la humanidad a los negocios. Alan considera que cuando te entregas de forma genuina y ayudas a los demás, lo recibes multiplicado por diez. Y para él, todo se reduce a una sola cosa: ser una buena persona.

Cuando LAZ contrata personal nuevo, se fijan en la persona de forma integral. La gente se une a las empresas en diferentes etapas de la vida. Algunos son inmigrantes, otros han salido de la cárcel y se están reinsertando en la sociedad, hay también quienes acaban de graduarse de la universidad. Todos son diferentes. Cuando contratas a alguien centrándote en la humanidad y en ayudar al otro, lo que buscas es darle la oportunidad de crecer y prosperar. Le das una mayor importancia a su rol y apuestas por la persona como un todo, no sólo por lo que puede hacer por tu empresa.

Piensa, por ejemplo, en alguien que acaba de salir de prisión. Si te centras en su humanidad —y no lo juzgas sólo por su pasado— puedes cambiar su trayectoria de vida. O bien piensa en el inmigrante que ha llegado en busca de una vida mejor: tienes la oportunidad de ayudarle a crear un futuro para sí mismo. Puede que nunca antes haya tenido esta posibilidad. Cuando lideras con empatía y te preocupas por los demás puedes verdaderamente marcar la diferencia en su vida y en la de sus familias.

En CURATED abrazamos por completo esta mentalidad.

Cuando contratamos personal nuevo, nos centramos en la persona y pensamos a largo plazo. Primero nos fijamos en sus valores y en si éstos se ajustan a los de la empresa. Luego evaluamos sus habilidades, pero esto no constituye un factor decisivo. Si los valores de la persona van en consonancia con los nuestros y tiene predisposición para aprender, entonces con el tiempo irá puliendo sus habilidades. Y si hay dos candidatos que aportan algo muy similar, entonces lo analizamos a largo plazo: «¿A quién podemos ayudar más? ¿La vida de quién se beneficiará más al trabajar con nosotros?». Al responder esta pregunta obtenemos la respuesta. Si los empleados buscan perfeccionar una habilidad, los ayudaremos para que puedan lograrlo. Por ejemplo, uno de nuestros empleados (oriundo de América Latina) comenzó a trabajar en CURATED, pero el inglés no era su fuerte, por lo que pagamos para que accediera a clases particulares de inglés. Hoy habla con fluidez y esto no sólo le ayuda en el trabajo, sino en su vida en general y en su inserción en la comunidad. De este modo solemos ayudar a los empleados cuyo nivel de inglés es limitado.

En otra ocasión, uno de los mecánicos de nuestra empresa que era quincuagenario quería formarse para ser gerente. A su edad, sabía que a su cuerpo le costaría cada vez más seguir el ritmo de las exigencias físicas de su trabajo, así que quería reinventarse en una nueva función. Se reunió con nosotros para pedirnos tener los viernes libres para estudiar y obtener la certificación. No sólo se lo concedimos, sino que pagamos el 50 por ciento del curso —de miles de dólares— y hoy en día es muy feliz en su puesto.

También defendemos a nuestros empleados.

Si alguien está atravesando una situación personal complicada, estamos allí para ayudarle. En un momento dado, a uno de nuestros empleados se lo tuvo que conectar a un respirador artificial tras una cirugía de cadera. El personal del hospital quería trasladarlo a otro sitio pues creían que no se recuperaría. Este empleado no contaba con ningún familiar que le ayudara, así que hicimos un par de llamadas al hospital y logramos dar con el director general, luchar por él y por el tratamiento que considerábamos adecuado. Cambiaron la decisión y lo mantuvieron bajo su cuidado. Como consecuencia, consiguieron desconectarlo del respirador y se recuperó por completo. De haber seguido la filosofía empresarial tradicional y haber pensado sólo en nuestra empresa, no nos habríamos metido y simplemente habríamos esperado a que se recuperase (o no).

En otra ocasión, un empleado sufrió la pérdida de su hijo de cuatro años. Cayó en la depresión, comenzó a beber por las noches y su vida se convirtió en una batalla. En el trabajo, tenía un ánimo muy cambiante. A fin de cuentas, no sabía cómo gestionar sus emociones. Así que le facilitamos el acceso a terapia para que pudiera sanar su herida y recuperarse. Hoy no sólo lo ha logrado, sino que está muy comprometido con su crecimiento personal y se muestra siempre dispuesto a asumir nuevos desafíos para seguir fortaleciéndose como persona. Además, aporta gran valor a la empresa y a todo el equipo. Apostar por él y por su felicidad fue una de las mejores decisiones que hemos tomado.

Asimismo, Alan considera que como líder también tienes la responsabilidad de enseñar a tus proveedores y socios qué significa llevar la humanidad a los negocios. Puede que quieran sumarse, o no. Si se suman, entonces los habrás ayudado a abrirse a una nueva forma de hacer negocios. Si no, entonces puede que sea una señal de que necesitas un proveedor nuevo.

A lo largo del tiempo, he comenzado a tomar decisiones priorizando a las personas por encima de las ganancias. Y los resultados han sido increíbles.

En CURATED, apoyamos a los proveedores tanto como a los empleados, pues los consideramos parte de nuestra familia. Si alguien trabaja con nosotros, nos aseguramos de que el acuerdo que tengamos beneficie a ambas partes. Lo más importante es garantizar que la persona que colabora con tu empresa esté feliz e ilusionada de prestar ese servicio. Además, necesita sentir que se le recompensa de una manera acorde al valor de su trabajo.

En muchas ocasiones, los proveedores han cometido errores al hacer las estimaciones y nosotros los hemos apoyado pagándoles más. Hubo veces en que algunos tuvieron problemas en su negocio y necesitaron más dinero para poder seguir adelante, y en esos casos también decidimos ayudarlos. Te aseguro que jamás han olvidado estos gestos y se han convertido en nuestros proveedores más leales.

En el trato con nuestros clientes, también nos centramos en tenderles una mano y en priorizar a las personas por encima de las ganancias.

Una de las reglas que tenemos al vender un coche es que debemos ser capaces de comprar nuevamente ese coche al mismo precio si el cliente necesita venderlo. Jamás nos aprovechamos de nuestros clientes. Siempre vendemos al precio de mercado o por debajo de éste y hemos tenido la suerte de que la industria se ha revalorizado, por lo que hemos podido comprarles nuevamente muchos coches a nuestros clientes y ofrecerles muy buenas ganancias. Como consecuencia, nuestra tasa de retención de clientes es increíblemente alta.

Poder ser testigo de los efectos que conlleva hacer negocios desde esta mentalidad es algo maravilloso.

Cuando comenzamos con CURATED, elaboramos planes de negocio muy optimistas. Incluso Alan nos expresó sus dudas, ya que las cifras eran demasiado elevadas. Sin embargo, con los años, hemos podido superar esas proyecciones hasta diez veces más. Y tenemos la convicción de que jamás habríamos llegado tan lejos de no haber priorizado a las personas por encima de las ganancias.

Numerosos estudios revelan que no somos los únicos.

Las empresas que aplican el «capitalismo consciente» han demostrado tener retornos de la inversión en un plazo de diez años de un 1.025 por ciento frente al 122 por ciento del índice S&P 500.[22] ¿Puedes creerlo? ¡Un 903 por ciento de diferencia en retornos de la inversión! Del mismo modo, las empresas con propósito presentaron una tasa de crecimiento anual compuesta del 13,6 por ciento en un período de veinte años, cinco veces superior al índice S&P 500.

La compañía JUMP Associates analizó quince empresas con propósito y las comparó con otras líderes de las mismas industrias. Si una persona invertía 10.000 dólares en cada una de estas quince empresas en el año 2000 (un total de 150.000 dólares), para 2019 tendría un saldo final de 1.935.719 dólares. Pero si hubiese invertido la misma cantidad en empresas líderes de la misma industria, sólo habría obtenido un saldo de 693.731 dólares. Y de haber invertido en el índice S&P 500, este saldo habría sido incluso inferior: 475.614 dólares. La cartera de inversión de quince empresas públicas con propósito alcanzó una tasa de crecimiento anual compuesta del 13,6 por ciento a lo largo de veinte años, frente al 5,9 por ciento de retorno anual del índice S&P 500. Dicho en otras palabras, las compañías con propósito cuentan con un retorno cinco veces superior al retorno total del índice S&P 500.[23]

Es decir, podemos escoger un paradigma que priorice a las personas por encima de las ganancias y aun así construir empresas de gran rentabilidad.

¿Por qué? Pues porque preocuparte por los demás y ayudarlos es muy importante. Al igual que priorizar el bienestar de las personas, darles oportunidades y tratarlas con respeto. Todo esto importa.

Y cuando decides llevar la humanidad a los negocios, apuestas por usar tu empresa para ejercer un impacto positivo sobre las personas. Optas por liderar desde el amor incondicional.

Como dice John, mi socio, gracias a esta perspectiva, construyes algo mucho más grande que un equipo o una empresa. Construyes respeto, amistad, dos aspectos de la vida que son irremplazables. Plantas semillas en su camino que jamás olvidarán y luego las trasladarán a su día a día, ya sea en la tienda de alimentación o en una reunión de la junta, y se sumarán a esta cadena de favores ofreciendo el mismo respeto y compasión que tú les ofreciste.

Con el simple hecho de priorizar su humanidad, contagias optimismo, y ¿acaso hay algo más hermoso que eso?

¡Cree, actúa, conviértete!

Escanea el código QR para acceder a una hipnomeditación guiada. Ésta te permitirá conectar la mente con el corazón y así experimentar por completo las emociones que se abordan en este capítulo. De esa manera, podrás acoger estos conceptos y transformar tu modo de proceder para convertirte en la persona que aspiras ser.

DIARIO

¿Cómo puedes cambiar la forma en que tomas decisiones en tu negocio para priorizar tu humanidad?

Piensa en una decisión empresarial que hayas tomado y que, tras leer este capítulo, sientas que podrías haberla abordado de forma diferente.

¿Cómo actuarías hoy?

8

Negocia desde el corazón

Yo no lo entiendo en términos de perder o ganar.

Cuando vivía en España, estudié negociación para complementar los grados que había hecho en Administración de Empresas y Derecho. Cuando conocí a Alan, ¡él sacudió los cimientos de todo lo que había aprendido!

Durante la carrera, todas las estrategias de negociación eran unilaterales: «¿Qué es lo que nosotros queremos conseguir con este trato?». Una perspectiva que no dejaba hueco a pensar en lo que podría beneficiar a las otras partes.

Entonces, cuando me adentré en el mundo empresarial, negociaba con proveedores y bancos a partir de lo que había aprendido de mi jefe. El objetivo era tratar de sacarles lo máximo posible. Cada situación era una batalla, un conflicto. Entonces comencé a ver las negociaciones como una guerra: ¡era ganar o perder! Cada vez que me encontraba con un proveedor, encaraba las reuniones convencido de que ganaría esa batalla y que incluso lograría que perdiese dinero por mi culpa. La única manera de alegrar a mi jefe era informándole de cuánto dinero le había ahorrado gracias a mi estrategia.

Entonces comencé a normalizar esta perspectiva, hasta los libros de negociaciones que leía tras haberme graduado ratificaban esta postura.

Unos años después de conocer a Alan, nos embarcamos en un nuevo proyecto juntos. Pasamos un fin de semana en Miami negociando con nuestros futuros socios, evaluando cómo estructuraríamos ese proyecto en Estados Unidos. Yo fui como espectador y no hablé durante las reuniones, sólo veía cómo Alan y los dos ingleses negociaban. En un momento dado, estos hombres le hicieron una oferta a Alan, pero él les dijo que el trato no era justo y esto les sorprendió, sobre todo al darse cuenta de que se refería a que estaban renunciando a mucho a favor de Alan. Así que él les presentó otra oferta más equitativa y ellos hicieron lo mismo. Me sentí como si estuviese en un programa de humor.

Cuando terminó la reunión, le dije: «Alan, me parece que hemos perdido esta negociación. Claramente podríamos haber sacado mucho más provecho de ese trato». Alan me miró, sonrió y respondió: «Jordi, para mí, ganar o perder no es lo importante. ¿Prefieres ser dueño del 50 por ciento de una empresa que algún día llegará a valer 100 millones de dólares o del 80 por ciento de una que puede que llegue a valer 10 o 20 millones de dólares?».

¡Me quedé sin palabras! Jamás lo había pensado de ese modo.

Cuando hablamos sobre esta perspectiva, me dijo: «Si no puedes negociar un trato en el que ambas partes salgan ganando, entonces no vale la pena que inviertas en ello. Tienes que asegurarte de que el otro se beneficie igual o más que tú, para que quiera invertir más dinero, tiempo y energía en el proyecto».

En ese momento, él echó por tierra todo lo que creía saber sobre negociaciones.

Y, con el tiempo, mientras reflexionaba sobre este enfoque, ¡me di cuenta de cuánta razón tenía Alan! Una negociación consiste en personas vinculándose unas con otras. Todo el mundo tiene emociones, deseos, necesidades, anhelos, y todos quieren cerrar una negociación sintiéndose felices y valorados. Si priorizas esto, que la gente con la que negocias esté feliz, fomentas la confianza mutua. E incluso la amistad. Y es que, al fin y al cabo, nadie quiere hacer negocios con gente que no le agrada o que siente que se está aprovechando de ellos. Y estos sentimientos conllevan mejores resultados.

De hecho, diversas investigaciones demuestran que cuando se lidera desde la ira y se negocia desde la competencia, el resultado es peor: aumenta el conflicto, disminuyen las ganancias conjuntas y se fomentan las represalias contra la otra parte. Asimismo, te cuesta más identificar los intereses que cada uno tiene dentro de la negociación. Este entorno genera más problemas y conduce a que se cierren menos tratos.[24]

Sin embargo, la cooperación y la colaboración tienen el efecto contrario. El fin último de una relación empresarial no debería centrarse sólo en ganar dinero, sino en crear oportunidades para las personas, y las personas se conectan desde el corazón.

Y como imaginarás, tras aquella negociación de Alan, todo el mundo se marchó superilusionado con el nuevo proyecto que teníamos entre manos.

Regla de «No gilipollas»

Antes de entablar una relación empresarial, para Alan es de vital importancia no sólo que ambas partes salgan ganando, sino también conocer los valores y creencias de la otra parte. Como él dice, jamás podrás cerrar un buen trato con alguien que no tenga valores sólidos, algo que le gusta denominar la regla de «No gilipollas».

Básicamente consiste en que si te das cuenta de que la persona con la que estás a punto de hacer negocios —ya sea un cliente, un empleado, un proveedor o un posible socio— es una gilipollas, entonces desiste. Aunque ese futuro proyecto sea muy prometedor. Para Alan, uno debe disfrutar de hacer negocios, sentirse feliz haciéndolos. Así pues, no tiene sentido involucrarnos con individuos que no nos permitirán disfrutar de nuestro trabajo ni apoyar a las personas.

Durante los primeros años de CURATED, nos enfrentamos a grandes desafíos debido a ciertos clientes complicados que tuvimos y que se aprovecharon de nosotros. Como éramos nuevos dentro de la industria, no sabíamos cómo establecer límites con nuestros clientes, así que algunos nos presionaron demasiado para que les vendiéramos coches a precios muy bajos. Llegaban al punto de renegociar nuestras tarifas para que nosotros saliéramos perdiendo, y esto los hacía felices.

Nuestra falta de experiencia nos llevó a creer que esa clase de relaciones y expectativas eran lo habitual. Y como no contábamos con una gran cartera de clientes, nos sentimos obligados a tolerar ese comportamiento.

Sin embargo, no nos dimos cuenta del verdadero coste que acarreaba esta situación, no sólo en términos económicos, sino también en cuanto al daño que causaba a la energía y el bienestar de nuestro equipo. Cuando llegaba el momento de cerrar esos tratos, todos nos sentíamos muy desdichados. Estas personas absorbían nuestro tiempo, energía y recursos tan valiosos y nos impedían centrarnos en el crecimiento de nuestra empresa y, a fin de cuentas, en nuestra felicidad.

Era cada vez más frustrante y sabíamos que no podíamos continuar así: algo tenía que cambiar. Así que hablamos largo y tendido con Alan y transformó nuestro modo de abordar a los clientes.

Alan nos presentó la regla de «No gilipollas» e hizo hincapié en la importancia de aplicarla en nuestras relaciones futuras. A partir de ese momento, decidimos implementar esta regla en todos los vínculos que entablásemos dentro de CURATED: con clientes, empleados, proveedores y socios. Fue una tarea muy compleja, pues suponía cambiar nuestra manera de hacer negocios, pero John y yo tomamos la difícil decisión de cortar lazos con ciertos clientes. Esto fue bastante agobiante porque se trataba de clientes que representaban una proporción significativa de nuestros ingresos y perderlos implicaba correr grandes riesgos para nuestra empresa.

Sin embargo, para sorpresa nuestra, ¡ocurrió todo lo contrario! Al adoptar esta regla, nuestros negocios experimentaron una increíble transformación. En lugar de gastar energía y dinero en clientes negativos, pusimos el foco en aquellos que verdaderamente valoraran y respetaran nuestro trabajo. Y se sintieron tan satisfechos con nosotros que comenzaron a recomendarnos y a enviarnos más clientes, y la reputación de nuestra empresa creció dentro de la industria. A lo largo de los años, nos vimos obligados a aplicar la misma regla con algunos empleados y la energía dentro de la compañía cambió muchísimo.

Tal como Alan remarcó con palabras muy sabias: incluso una pequeña gota de vino, al caer en un vaso de agua, puede alterar su color al instante. O como John afirma ahora: «La brújula moral supera a cualquier ganancia».

Transparencia: di la verdad, sé tú mismo

En los inicios de mi carrera, me resultaba difícil ser genuino dentro del ámbito empresarial. Mantenía a mi verdadero yo a raya y creaba una fachada de lo que para mí implicaba ser un empresario. Hasta ese momento, la experiencia en el mundo de los negocios me había enseñado que ésa era la única manera posible de actuar. Para mí, la vulnerabilidad era sinónimo de debilidad. Y exponer mis propias debilidades o las de mi empresa era algo impensado.

Alan me abrió los ojos.

Para él, la única manera de hacer negocios y de entablar una conversación empresarial es siendo transparentes... y vulnerables. Tanto en los negocios como en la vida, Alan es completamente vulnerable. Se abre a los demás y pone sobre la mesa la realidad de su empresa: lo bueno y lo malo. Comparte los problemas que enfrenta y de este modo las negociaciones y los vínculos se fortalecen.

He participado en charlas de negocios en las que Alan se muestra sincero y directo respecto a los desafíos y dificultades por las que está atravesando su empresa o incluso él mismo. Esto me impactaba muchísimo y solía decirle: «Alan, les has contado todo, ya no tenemos ningún poder de negociación, ¿por qué lo hiciste?». A lo que siempre respondía: «No, Jordi. Tenemos que ser transparentes, de lo contrario, en el futuro, nos enfrentaremos a problemas aún mayores».

En el mundo de los negocios —en especial en las negociaciones—, las personas tienden a proyectar una versión de sí mismas que puede no ser acorde a su realidad. Crean una fachada de lo que quieren mostrarle al mundo; por ejemplo, a través de su ropa de diseñador y accesorios caros, o de la manera en que hablan de su estilo de vida, entre otros aspectos. En las negociaciones, venden una imagen perfecta de ellas mismas y de su empresa, resaltan todo lo grandioso que han logrado, pero no mencionan los desafíos o problemas a los que se enfrentan. Y en parte no tienen la culpa. El modelo y la mentalidad empresarial tradicional no te enseñan que el exponer tus debilidades y mostrarte vulnerable pueden suponer una fortaleza.

Por lo tanto, cuando las personas proyectan una imagen exitosa de sí mismas y de su empresa porque les parece que ésta es la manera de hacer negocios, en realidad están ocultando su verdadera identidad y la de su compañía. Como el gran mago de Oz, esconden su verdadero rostro tras una cortina. Y adoptan una actitud deshonesta al hacerlo. Desorientar al otro respecto a la propia realidad conlleva consecuencias mucho más negativas para la vida y la empresa de una persona que liderar desde la transparencia y la vulnerabilidad.

¿Por qué?

La vulnerabilidad es el principio fundamental de aquellos que hacen negocios desde el corazón. Cuando lideras desde la vulnerabilidad, permites que los demás accedan a una parte de ti mismo que por lo general mantendrías bajo llave. Te sinceras sobre tus emociones, compartes las vivencias personales que podrían estar afectando tu trabajo, reconoces fracasos y debilidades, y te comunicas de forma genuina.

Desde que comenzamos a implementar esta mentalidad en CURATED, he sido testigo de cuánto valoran las personas el hecho de que uno se muestre vulnerable y abra su corazón. Esta transparencia y el acceso que les das para que realmente te conozcan a ti y a tu empresa les da la seguridad para abrirse también y compartir contigo sus perspectivas. Se crea un vínculo de confianza. Este modo de actuar crea un lazo más sólido entre ambas partes, uno que pasa a ser verdaderamente auténtico. Cuando eres vulnerable, le abres la puerta al otro para que vea quién eres, cómo te sientes, y para que cambie su comportamiento para contigo.

Y cosechas mejores frutos a nivel empresarial.

Las empresas que reconocen la correlación que existe entre la confianza y la transparencia y que adoptan medidas para fomentarlas en su entorno de trabajo se desempeñan mejor. Cuentan con el doble de probabilidades de cumplir con sus objetivos financieros o de superarlos y con 2,4 veces más de probabilidades de que sus empleados se impliquen en un trabajo significativo.[25] Asimismo, cuando los líderes se muestran vulnerables con frecuencia, se ha demostrado que es 5,3 veces más probable que sus empleados confíen en ellos. Además, cuando los líderes son sinceros sobre sus fracasos y debilidades, los empleados tienen 7,5 veces más probabilidades de confiar en ellos.[26]

En una ocasión, en CURATED nos vimos envueltos en un leve enredo financiero porque habíamos vendido muchos coches, pero aún no habíamos recibido el pago. Por otro lado, estábamos a la espera de cuatro coches que venían de Japón con retraso. La situación del *cashflow* era compleja e incluso dudaba de si seríamos capaces de cubrir las nóminas de la empresa de ese mes. Ten en cuenta que los coches que compramos hoy en día suelen costar millones de dólares y siempre debemos pagar en efectivo. En pocas palabras, no pintaba nada bien.

Así que decidimos ponernos en contacto con uno de nuestros mejores clientes, que sabíamos que disponía de dinero, y ser totalmente transparentes con él. Le llamamos y le explicamos la situación. Le preguntamos si podía echarnos una mano comprando un coche que le interesaba, pero que lo tenía indeciso. No estaba seguro al cien por cien de querer el coche, así que le dijimos que, si en ocho meses no lo quería, volveríamos a comprárselo.

De este modo, al asegurarnos de que ambos saliéramos ganando, nos ayudó. Y así fue como pudimos cubrir nuestras obligaciones financieras y el pago de las nóminas. Todos contentos. Además, el cliente valoró nuestra honestidad, vulnerabilidad y transparencia y el vínculo se fortaleció.

Años atrás jamás nos habríamos planteado ser tan transparentes con un cliente respecto a un problema financiero que estuviésemos enfrentando, pero al poner el foco en la honestidad y la vulnerabilidad, el cliente se dio cuenta de que actuábamos desde el corazón. Y como valoraba nuestra relación, nos tendió una mano.

Así pues, te animo a que no temas enseñarle al mundo quién eres en verdad.

No hace falta que finjas ser otra persona, ni que armes una fachada de tu éxito personal o empresarial. No, opta por liderar desde la vulnerabilidad y la transparencia. Lidera desde la verdad. Y negocia desde el corazón.

Te garantizo que, si actúas de este modo, ¡tu corazón será tu superpoder!

¡Cree, actúa, conviértete!

Escanea el código QR para acceder a una hipnomeditación guiada. Ésta te permitirá conectar la mente con el corazón y así experimentar por completo las emociones que se abordan en este capítulo. De esa manera, podrás acoger estos conceptos y transformar tu modo de proceder para convertirte en la persona que aspiras ser.

Diario

¿Cómo te presentas ante los demás en el ámbito empresarial?

¿Es ésta una imagen sincera de ti mismo?

¿De qué manera podrías ser más vulnerable en tu vida personal y empresarial?

¿Qué consecuencias podría conllevar esta vulnerabilidad?

Piensa en negociaciones que en este momento tengas entre manos y en cómo podrías liderar más desde el corazón y acoger una actitud de transparencia.

9

Comunícate de forma auténtica

¡Ten conversaciones auténticas!

Cuando John y yo emprendimos CURATED, la comunicación no era nuestro fuerte.

Yo era demasiado frontal y sincero, mientras que John era demasiado pasivo y blando. Odiaba el conflicto, por lo que no era sencillo entablar una conversación directa con él, su discurso solía verse teñido de matices grises. Se andaba con cuidado al expresar sus ideas hasta el punto de que lo que comunicaba a la otra persona era muy diferente a lo que realmente pretendía decir. Por mi parte, este tipo de intercambio ponía a prueba mi paciencia. Lo único que quería era llegar al meollo del asunto y que me dijera lo que en verdad opinaba.

Como consecuencia, entre nosotros surgían conflictos y enfrentamientos —y esto ponía a prueba nuestro ego—. Así pues, John construyó un muro y evitó confiarme lo que en verdad sentía, mientras que yo me torné una persona agresiva y dejé que la rabia se apoderara de mí. Esta dinámica obstaculizó mucho nuestras conversaciones de socios y de haber continuado con este roce, habríamos puesto en riesgo los cimientos de nuestra relación y la propia empresa.

Por desgracia, hay muchas personas que se pasan la vida actuando desde este lugar. Temen herir los sentimientos del otro, temen su reacción y cómo podrían interpretarse sus palabras. Temen lo que los demás podrían decir luego de ellas, temen ser juzgadas. Le temen a lo difícil. Dejan que este miedo y esta preocupación tomen el control y se apoderen de su capacidad de comunicar lo que realmente quieren decir.

O puede que suceda lo contrario, que estas personas lideren desde el ego, que crean que siempre tienen la razón, que su opinión vale más que la del resto. Así que no dejan que los demás hablen, sino que ellas hablan por encima de todos. No saben escuchar. Reprenden y amenazan a otros.

Y mientras tanto, esta clase de dinámicas destruye relaciones, pone en peligro la propia carrera profesional y daña la autoestima. Y puede que la persona se trague todas estas emociones, lo cual supone una amenaza para su salud y bienestar. Entonces surgen el resentimiento y el comportamiento pasivoagresivo, y toman las riendas de la comunicación.

Cuando formamos parte de este bucle, ya no somos auténticos con nuestras emociones, sino todo lo contrario. Nos convertimos en una coraza donde ocultamos nuestra voz.

Llegó un punto en el que Alan se dio cuenta de que a John y a mí nos costaba comunicarnos y nos habló de la importancia de tener una conversación auténtica. Nos orientó para ser directos y transparentes, para expresarnos desde el corazón. También pudimos ser testigos de este estilo de comunicación a través del modo en que él hablaba con nosotros. Alan siempre fue sincero y nos compartió sus sentimientos y opiniones, y desde una perspectiva constructiva. En lugar de permitir que el ego o la inseguridad tomen la delantera, era su corazón el que lo guiaba. Nos brindó palabras que reflejaban que en verdad le importábamos y nos dio lugar para que nosotros, a cambio, compartiéramos nuestra propia voz.

Con el paso del tiempo, John y yo comenzamos a comunicarnos de forma auténtica. Para poder dar espacio al cambio, fue necesario que derribásemos nuestros muros y liderásemos con empatía. En vez de considerar la brecha que nos separaba como una posible amenaza, nos centramos en la belleza de ser vulnerables y honestos el uno con el otro, de usar el corazón. Sabíamos que ninguno había tenido la intención de dañar al otro y que compartíamos la misma visión y los mismos valores que anhelábamos para nuestra empresa: honrar la historia y el valor de los coches que vendíamos al tiempo que causábamos un impacto y una transformación positivas en la vida de las personas.

Entonces nos aferramos a la confianza mutua y dejamos las palabras en manos del corazón, no de la mente. En cuanto lo hicimos, todo cambió. Nuestro vínculo como socios empresariales pasó a ser inquebrantable. Sabíamos que contábamos el uno con el otro y que ambos soñábamos en grande; esto fortaleció la relación y nos unió como hermanos.

Y así fue como pudimos sentar las bases para que la comunicación auténtica forme parte del ADN de CURATED.

Promete menos y cumple por encima de lo esperado

Antes de conocer a Alan, jamás había oído la premisa de prometer menos y cumplir por encima de lo esperado (*underpromise and overdeliver*).

Para él, ésta es una de las claves del éxito. Afirma que siempre debes procurar ofrecer más de lo prometido, ya seas empleado, cliente, proveedor o parte interesada de la empresa. La acción contraria —cuando prometes más de lo que puedes ofrecer— conduce a objetivos no alcanzados y expectativas poco realistas, y esto da paso a la frustración, la rabia y el resentimiento de todas las partes involucradas.

Cuando John y yo comenzamos a trazar los primeros planes de negocio para recaudar dinero de inversionistas, estábamos seguros de que habíamos planteado metas elevadas con las que los demás se sentirían inspirados. Pero Alan no estaba tan convencido. Nos repetía que estábamos siendo demasiado optimistas y nos aconsejaba ser un poco más prudentes. De ese modo, más adelante podríamos superar las expectativas de nuestros inversores con resultados aún mejores, incluso si eso implicaba que se redujera la valoración de nuestra empresa. Asimismo, nos aseguró que nuestro optimismo por intentar cumplir con estas metas conllevaría un estrés que no merecía la pena sufrir, sobre todo cuando se podía fijar un objetivo más razonable y a la vez válido.

Entonces, teníamos que soñar en grande y al mismo tiempo ser realistas respecto a lo que podíamos hacer en ese momento para alcanzar nuestros sueños. Si gestionas tus expectativas de este modo, puedes crear un plan de acción más tangible, uno que sea más factible cumplir.

Asimismo, es muy importante saber gestionar este principio con tus clientes Si planteas expectativas muy elevadas respecto a lo que les ofreces y no eres capaz de cumplir lo prometido, entonces se mostrarán insatisfechos. Y un cliente insatisfecho es un cliente perdido. Pero si miramos el lado bueno, si superas con creces sus expectativas, entonces habrás ganado a un cliente y a alguien que de aquí en adelante siempre te recomendará y que hablará sobre ti con sus amigos y colegas.

Del mismo modo, cuando a los empleados les creas expectativas poco realistas que no son capaces de cumplir, esto puede ser muy perjudicial para su desempeño y su felicidad. Los empleados que no consiguen cumplir con los objetivos establecidos sufren de estrés y pierden la motivación.[27] Además, puede que recurran a comportamientos poco éticos, como mentir a los clientes, en parte porque intentan alcanzar esas expectativas tan elevadas que les impusiste.[28] Y una vez que se instauran este tipo de conductas, cualquier posibilidad de lograr una comunicación auténtica se corta de raíz.

Estos entornos pueden llegar a ser muy tóxicos y esto incide sobre el resultado financiero —la falta de transparencia y una mala comunicación son desencadenantes clave de esto—.[29] De hecho, en Estados Unidos, las empresas que carecen de buena comunicación llegan, en conjunto, a acumular hasta 1,2 billones de dólares de pérdidas en términos de productividad cada año.[30] Imagina todo lo que podrían hacer esas compañías con ese dinero para beneficiar a sus empleados y a su comunidad, pero dejan que la mala comunicación sea un estorbo en su progreso. Cuando en una empresa las personas no se comunican bien, los empleados no son felices, no se sienten valorados y poco a poco se marchan. Hasta dejan de mostrar interés por innovar dentro de la compañía. Como consecuencia, dudan de sus propias capacidades y, con el tiempo, de toda la empresa, lo cual afecta la productividad y el resultado financiero.[31] Es así como el 20 por ciento de los empleados han renunciado a su trabajo debido a un entorno laboral tóxico y el 35 por ciento están dispuestos a reducir su sueldo para trabajar en una empresa que no sea tóxica.[32]

¡Piensa en esto por un momento!

La gente está dispuesta a ganar menos dinero para evitar el estrés que conlleva trabajar en un entorno tóxico. ¡Qué penosa es esta realidad! Dado que los empleados encuentran gran parte de su propósito de vida gracias al trabajo, deberíamos estar haciendo cuanto esté a nuestro alcance para asegurarnos de que ellos se sientan valorados, respetados y escuchados. Deberíamos crear una cultura de la que la gente quiera formar parte, que los inspire a dar lo mejor de sí. Deberíamos pagarles lo que merecen y crear un entorno que priorice su felicidad.

Así pues, para comunicarte de forma auténtica también debes ser realista en el momento de establecer metas y gestionar las expectativas de los demás. Debes comunicarte basándote en la honestidad. Debes ser consciente de aquello que los empleados son capaces de alcanzar y de lo que, desde una mirada realista, puedes ofrecerles a tus clientes, socios y partes involucradas de la empresa. Y debes ser transparente respecto a las razones que subyacen a esas expectativas.

Y, entonces, ¡las superas!

Habla desde el corazón

En la actualidad, en CURATED, nuestro valor fundamental es «Hazlo desde el corazón».

Para nosotros, este principio implica que debemos velar por todas las personas que forman parte de la empresa: empleados, socios, proveedores y clientes. Y debemos disfrutar del viaje y conducir con pasión y optimismo.

Gracias a este valor fundamental, damos prioridad a hablar desde el corazón y no desde la mente. De este modo, cuando un gerente habla, lo hace con el corazón. Esto permite que la comunicación auténtica fluya, pues no le permites a tu ego o al miedo tomar las riendas de la conversación. Respetas a la persona con la que estás hablando y la miras directo a los ojos. En lugar de elevar un muro, bajas la guardia. Te deshaces de los filtros que solías usar para protegerte, creas un campo de juego parejo donde reconoces tus errores y aprendes de los demás. No te andas con rodeos a la hora de brindar detalles y te conviertes en una persona bondadosa, honesta y franca.

De esta manera, logras mirar al otro a los ojos y decirle lo que piensas con total transparencia y calidez.

Un sabio profesional acostumbrado a la exigencia

Uno de los gerentes de la empresa que cuenta con amplia experiencia y formación en su área se unió a la compañía recién llegado de la ciudad de Nueva York. Como era de esperar, trajo consigo ese estilo tan neoyorkino basado en la exigencia. Se comunicaba con frases cortas e iba siempre al grano. Si bien tenía un buen corazón, no sabía cómo aplicarlo al mundo de los negocios.

Al poco tiempo de que lo contratáramos, noté en su comportamiento algunas señales de alarma. La primera fue una respuesta a un correo electrónico en el que un miembro del equipo le proponía algo y él, por su parte, le contestó con una pregunta directa, concisa y borde. El tono era brusco e incluso desdeñoso, para nada acorde a la forma en que nos comunicamos en CURATED. La segunda alarma se disparó durante una reunión semanal con el equipo de gerencia, en la que noté cómo dejaba que su ego tomara el control al ponerse a la defensiva cuando se le cuestionó sobre un asunto. Algo que tampoco es acorde a la manera en que interactuamos en CURATED.

John y yo sabíamos que teníamos que lidiar con estas señales de alarma antes de que fueran a peor, así que tuvimos una conversación auténtica y sincera con él en la que compartimos lo que habíamos notado en su comportamiento y le explicamos por qué esa clase de conducta no encajaba con la cultura de CURATED. Le dijimos que sabíamos que tenía un buen corazón, pero era necesario que se abriera y se comunicara con amor. En vez de utilizar un tono brusco y directo en los correos electrónicos, podía liderar con calidez y entusiasmo en su trato con los empleados. Le planteamos: «Si la que recibiese ese mensaje fuese tu hija, ¿le responderías de ese modo?». En cuanto procesó esto, reflexionó sobre lo que le estábamos planteando y su rostro se transformó: «¡Claro que no!», nos dijo. Hablamos con él sobre la importancia de la vulnerabilidad y le aseguramos que nadie tenía intención de atacarlo, así que no hacía falta que se pusiera a la defensiva. Nos confesó que jamás había trabajado en un sitio donde se liderara desde el corazón, donde la gente se comunicara con franqueza; por lo tanto, nunca lo había experimentado. Pero gracias a nuestra conversación comprendió por qué eso era importante y se mostró dispuesto a cambiar.

E inmediatamente su forma de comunicarse cambió por completo y dejó su ego de lado. Comenzó a hablar desde el corazón y todo gracias a una conversación auténtica de treinta minutos.

En CURATED, para asegurarnos de afianzar este enfoque hemos inculcado la noción de la comunicación abierta en nuestras reuniones, las cuales están estructuradas de manera tal que todos tengan un espacio para compartir y expresar sus opiniones, desde el personal de limpieza hasta John. No existe la jerarquía a la hora de hablar, somos todos iguales. Además, hemos implementado una herramienta denominada People Analyzer, que permite analizar el desempeño de los empleados en función de si se ajustan o no a los valores fundamentales de la empresa. En lugar de liderar desde la mente, lideramos desde el corazón (nuestros valores), y este método nos ha permitido tener debates genuinos y sinceros.

Durante una reunión trimestral con la gerencia, John y yo vivimos un maravilloso momento. En estos encuentros, los miembros del equipo aclaman en público a otros empleados para agradecerles algo en concreto. La organización no es el fuerte de John, por lo que solía faltar a estas reuniones y nos veíamos obligados a posponerlas para que él pudiera estar presente. Así que hablé con él en privado y le dije que me parecía muy importante que pudiera participar en ellas, algo que se tomó a pecho y pronto comenzó a acudir sin falta. Aquella mañana en particular quise brindar reconocimiento a John por haberse comprometido con su asistencia, y entonces él respondió: «Ole por ti, Jordi, por haberme ayudado a darme cuenta de la importancia de acudir a las reuniones», un hermoso momento de agradecimiento entre nosotros que compartimos con nuestros empleados.

Pero entonces vino el efecto dominó.

Un empleado nos agradeció el hecho de organizar esos encuentros, otros comenzar las reuniones con una meditación.* Y así, uno tras otro, todos expresaron sus agradecimientos y aclamaciones mientras John y yo permanecíamos allí sentados observando la magia que se abría paso a nuestro alrededor. Cuando

* Comencé a meditar en el año 2020 y esto transformó profundamente la conexión con mi conciencia plena. Hoy medito todas las mañanas; sin embargo, hubo un tiempo en que oculté esta parte mía a mis empleados. Temí que me juzgaran por meditar, pero con el tiempo me di cuenta de que debía mostrarme como yo era, de forma auténtica, y dejar de preocuparme. Entonces en julio de 2024 viví algo muy fuerte. Esa mañana me desperté, salí a correr y comencé a meditar. Durante la meditación, se me venían los rostros de los empleados a la mente y conecté con cada uno de ellos, me sentía muy agradecido a ellos, experimenté un cariño enorme hacia cada uno.

El lunes siguiente por la mañana, nuestra *coach* de vida no pudo acudir a la sesión que habíamos programado con el grupo, así que tuve que idear una alternativa. Decidí enfocar el encuentro en la meditación. Les pregunté: «¿Alguien medita todas las semanas?», y les conté lo que me había sucedido cuando salí a correr hacía unos días, que había pensado en cada uno de ellos y que sentí mucho cariño y agradecimiento por todos. Les dije: «¡Muchísimas gracias!» e inmediatamente sus semblantes se transformaron. Estaban sorprendidísimos por el hecho de que su jefe se mostrase tan vulnerable, y nuestro vínculo se fortaleció. Hoy, arrancamos todos los lunes por la mañana con una meditación e incluso son los empleados quienes muchas veces dirigen las sesiones.

terminó la reunión, otro empleado nos agradeció a los dos el hacer posible un entorno laboral tan maravilloso. Nos dieron las gracias por impulsarlos a hacer su trabajo en consonancia con los valores de la empresa y por ayudarlos a hacer realidad su propósito de vida.

John y yo nos sentimos muy agradecidos por ese momento tan auténtico, fue algo maravilloso. Y ocurrió por sí mismo porque creamos un espacio donde cada empleado tenía voz propia. Me entristece pensar que tantas empresas no experimenten estas situaciones con sus empleados y socios.

Así pues, amigo mío, cuando te comunicas desde el corazón, esto es lo que sucede, lo que puedes hacer por ti, por tus empleados y por tu empresa. Te permite crear un entorno de honestidad y respeto fundado en expectativas realistas. Un entorno de agradecimiento y reconocimiento. De verdadera calidez, compañerismo e interés por el otro.

En resumen, creas un vínculo inquebrantable. En palabras de uno de nuestros empleados: «Todos nosotros somos una gran familia, y así es como nos tratamos».

Y ahora, querido lector, ¡tú también formas parte de esta familia!

¡Cree, actúa, conviértete!

Escanea el código QR para acceder a una hipnomeditación guiada. Ésta te permitirá conectar la mente con el corazón y así experimentar por completo las emociones que se abordan en este capítulo. De esa manera, podrás acoger estos conceptos y transformar tu modo de proceder para convertirte en la persona que aspiras ser.

Diario

Piensa en una conversación que debas tener y que te resulte difícil o que te implique una carga.

Reflexiona acerca de cómo te sientes en verdad y enumera todas las emociones que te provoca esta situación.

Piensa en cómo puedes afrontar mejor esta conversación dejando que sea el corazón quien tome el mando.

Cuando estés listo para la conversación, hazte vulnerable: muéstrale al otro lo que sientes y expresa tus emociones con sinceridad. Hazlo todo desde el corazón.

10

Di «te quiero»

¿Sabes que te quiero?

¿Saben las personas que te rodean que las quieres y te preocupas por ellas? Piénsatelo un momento.

Yo no solía andar diciéndole a la gente «te quiero», ni siquiera a mi familia. Puede que en parte sea algo cultural, pero desde chico me costaba expresar mis emociones de este modo. De hecho, con frecuencia las ocultaba, sobre todo en entornos profesionales. Para mí, en los negocios no había lugar para las emociones, así que reprimía lo que sentía y lo encerraba bajo llave. Nadie tenía por qué conocer esa parte de mí.

Entonces, la primera vez que Alan me dijo «te quiero», me sacudió por dentro. Fue una sensación muy liberadora, ¡me hizo sentir muy especial! «Alguien a quien respeto muchísimo acaba de decirme que me quiere».

De un momento al otro, Alan había desafiado los principios sobre los que hasta entonces se regían mis relaciones empresariales. Me mostró cuán poderoso es el amor, me instó a abrir mi corazón a quienes me rodean y me enseñó el valor de la vulnerabilidad y el impacto profundo que uno puede tener en las personas cuando expresa abiertamente amor y consideración por el otro. También me enseñó que, cuando actuamos de ese modo, nosotros, los demás e incluso nuestra empresa tenemos la oportunidad de volar más alto.

Cuando conocí a Alan me di cuenta de que tanto su valor fundamental como su cualidad más excepcional son la fe que tiene en el amor incondicional y la forma en que interioriza este concepto. Él toma todas las decisiones de su vida basándose en este principio.

De hecho, Alan infunde amor en cada una de sus interacciones diarias. Y no se limita a las palabras: demuestra su cariño mediante acciones. Pone en práctica este principio de amor en cada uno de sus encuentros y genera un impacto perdurable en la vida de las personas que le rodean. Ya sea teniendo un gesto amable, prestando su oído o regalando un cumplido sincero, su forma de expresar amor es siempre tangible y genuina.

Fue gracias a esta mentalidad que nacieron los Abrazos LAZ. Y no importa quién sea la persona ni qué puesto ocupe en LAZ, Alan les demuestra a todos que los quiere. Él ama sin límites, un amor que contagia a todos los que lo rodean. El secreto de Alan es muy simple y al mismo tiempo muy profundo: debemos llenarnos la mente de pensamientos de cariño, perdón y compasión, y a partir de allí nos conectamos con un manantial infinito de amor que nutre nuestras relaciones y transforma nuestra vida.

Alan constantemente me repite lo feliz que se siente al pasar tiempo conmigo y con quienes lo rodean, exclama: «¿Sabes lo feliz que me hace estar aquí contigo?». Y siempre que me lo dice, me hace sentir apreciado, valorado y, sin duda, muy especial. Nuestro vínculo se fortalece y la estima y el respeto que siento por él también crecen. De inmediato me siento bien conmigo mismo y quiero compartir este optimismo y cariño con los demás.

Es justamente en este sentido que la manera tradicional de hacer negocios nos ha fallado: el amor se ha eliminado de la ecuación. Respecto a esto, Alan una vez dijo: «Las personas no están acostumbradas a que las palabras *capitalismo* y *amor* vayan unidas». ¡Y tiene toda la razón! ¿Cuántas veces tus supervisores o incluso tus compañeros de trabajo te han dicho que te quieren? ¿Cuántas veces les has dicho a tus proveedores o socios que los admiras? ¿Cuántas veces has encarado un negocio desde el amor?

Probablemente la respuesta sea «¡casi nunca!» o incluso «nunca». Y si es así, ¡no pasa nada! Tú no tienes del todo la culpa. Es más, si en Google haces la búsqueda de «capitalismo y amor» los resultados se centrarán en cómo las empresas se aprovechan del amor para hacer negocios o en cómo gestionar relaciones de pareja en el entorno de trabajo.

Sin embargo, el amor es una emoción humana sumamente compleja y trascendental. Es tan importante para los seres humanos que muchas culturas —y por ende idiomas— cuentan con diversas palabras para describirlo y definiciones al respecto. Por ejemplo, el idioma tamil —que se habla en Asia del Sur— tiene alrededor de cincuenta palabras para hablar del amor. En español tenemos cuatro. El japonés cuenta con tres. El sánscrito ¡tiene más de doscientas!

Así pues, si el amor es algo que está tan enraizado en la condición y consciencia del ser humano, ¿por qué no lo incorporamos a nuestra vida, a las empresas?

Basta con echar un vistazo a nuestro alrededor para reflexionar sobre lo diferente que podría ser el concepto del capitalismo si se actuase desde el amor: ¿los empleados trabajarían ocho horas al día y aun así les seguiría costando llegar a fin de mes?, ¿los modelos empresariales contribuirían a la deforestación y la extinción de las especies?, ¿existiría el trabajo infantil en la cadena de suministro?

Hacer negocios desde el amor no permite que las personas se centren en las ganancias a costa de los demás. Y es que cuando lideras con amor, priorizas la humanidad y la empatía. Te preocupas por el bienestar de los demás, sin esperar nada a cambio. Fomentas el optimismo. Te comunicas desde el corazón.

¡Y de eso se trata el amor incondicional!

Haz de la bondad tu *modus operandi*

Expresar amor no consiste simplemente en decir «te quiero».

Cuando haces negocios desde el amor, esto se convierte en una acción diaria. Puede implicar decir «buenos días» o dar un abrazo, incluso chocar los cinco porque la otra persona hizo un muy buen trabajo —o simplemente porque quieres—. O bien puede consistir en tomarte un momento para preguntarle al otro cómo está y ofrecerle tu tiempo para que se exprese mientras tú escuchas con atención. Tal vez te acercas a un compañero de trabajo que sabes que está estresado y tan sólo le haces saber que estás ahí, que puede contar contigo.

El amor incondicional es una frecuencia que decides sintonizar y cuando lo haces, dejas de centrarte en lo negativo. Dejas de juzgar a las personas por sus errores. Si un empleado o proveedor comete un desliz accidental, en lugar de echarles la culpa y humillarlos, pones de tu parte para mejorar la situación. Les das oportunidades para crecer. Les brindas tu apoyo y te aseguras de que se sientan respaldados.

Un acto de amor no tiene por qué ser un supergesto. Por lo general, son las acciones más pequeñas las que generan el mayor impacto. Y como consecuencia, infundes esta autoconsciencia en cada una de tus relaciones y en todas tus decisiones empresariales.

En CURATED, liderar con amor se ha convertido en parte de nuestra esencia: aplicamos este valor día tras día en nuestras vidas.

Recuerdo una ocasión en que Alan y yo estábamos hablando con algunos de nuestros socios y yo no paraba de recibir correos electrónicos de una de las contables. Sus palabras eran violentas, me exigía cosas constantemente, me menospreciaba y humillaba. Con cada nuevo correo yo me enfadaba más, hasta que llegué a un límite. Le dije a Alan: «¡Ya no puedo más! ¡Esta mujer está haciendo de mi vida un calvario!». Quería descargar toda mi rabia contra ella para que sintiera en carne propia lo que yo mismo estaba viviendo. Sin embargo, Alan respondió: «Jordi, ése no es el camino. Que tu arma sea la bondad. Muéstrale cómo liderar con amor. Pasarás de tener un enemigo a ganarte un amigo».

¡¿Cómo iba a mostrarme cordial con esta mujer?! Pero escuché a Alan y me obligué a asumir el desafío. Entonces, reescribí el primer borrador de correo que había preparado y pensé: «¡No merece que le dedique palabras amables! No quiero que reciba un correo así», pero lo envié de todos modos. E hice lo mismo con todos los correos subsiguientes. Entonces fui capaz de liberar toda la ira que tenía dentro. Y en lugar de que sus conversaciones me amedrentaran, comencé a sentir cierta calma. Al encarar nuestras interacciones con amor incondicional, dejé de permitir que la negatividad controlara mi sentido de bienestar. Es más, esta paz se extendió a todas mis relaciones empresariales.

Al liderar con amor incluso hemos contribuido a que otras empresas de la competencia tengan éxito en el mercado. En lugar de atacar al otro, hemos impulsado su crecimiento y contribuido a establecer contactos. Hay sitio para que todos triunfemos, así pues, ¿y si lideramos con amor y contribuimos a crear oportunidades para los demás?

¿Recuerdas que te conté que en CURATED iniciamos las reuniones de los lunes por la mañana agradeciendo algo que otra persona haya hecho? Pues diseñamos las reuniones de esta manera para fomentar la capacidad de todos los empleados de sentir amor incondicional hacia los demás y compartirlo. ¡Para arrancar la semana con energía positiva! Y funciona. Cuando terminamos estos encuentros, todos se sienten revitalizados, ¡se contagia!

Además, la ciencia lo respalda: se denomina «contagio emocional» al proceso de imitar las emociones o acciones de otra persona. Podemos transmitir lo que sentimos a los demás —e incluso reflejar emociones ajenas— sin siquiera ser conscientes de ello, ya se trate de alegría, tristeza, ira, ilusión, etcétera. Es más, ¡las emociones se contagian más rápido que un resfriado![33]

Reflexiona sobre esto un momento: cada vez que estás frustrado o enfadado, y has reaccionado de este modo hacia otra persona, es posible que ella imite esas emociones sin siquiera darse cuenta. E incluso que las aplique en su propia vida, de modo que todos los que interactúen con esta persona se contagien de esta negatividad e ira, y esto se siga transmitiendo infinitamente.

Y de esto se trata la esencia de este libro: de liderar desde el corazón.

Todos los días tienes la oportunidad de liderar con amor incondicional. Tienes la opción de optar por priorizar la humanidad y la compasión, de generar energía positiva que se contagiará a todas las personas que te rodean y que, a su vez, ellas imitarán y transmitirán a los demás. Estas personas pueden ser compañeros de trabajo, empleados, proveedores, amigos, familia, etcétera. Este efecto dominó incluso las trascenderá y se contagiará a toda la comunidad. Entonces, si has decidido liderar con amor y expresarlo a través de tus acciones y palabras, piensa en la increíble cadena de optimismo que podemos construir juntos.

Así pues, querido lector, te pido que te tomes un momento para reflexionar acerca de cuán profundos son tus vínculos, acerca del poder que nace de expresar amor y preocupación abiertamente. Mira a los ojos a tus seres queridos, amigos, compañeros de trabajo, y diles lo importantes que son para ti. Acoge la vulnerabilidad y siempre tiende una mano a los demás. Sé transparente en tus acciones y honesto al hablar. Y lidera desde el corazón. Es a través de estos actos pequeños —y profundos— que transformamos la vida de quienes nos rodean y creamos un mundo empapado de compasión, empatía y comprensión.

De este modo, logramos transformar los negocios mediante el amor incondicional. Y ésta, amigo mío, es la única manera de conseguir que nosotros y todo lo que tenemos a nuestro alrededor brille con total intensidad. ¿A que sería maravilloso vivir en un mundo así?

¡Cree, actúa, conviértete!

Escanea el código QR para acceder a una hipnomeditación guiada. Ésta te permitirá conectar la mente con el corazón y así experimentar por completo las emociones que se abordan en este capítulo. De esa manera, podrás acoger estos conceptos y transformar tu modo de proceder para convertirte en la persona que aspiras ser.

Diario

¿Cuándo fue la última vez que le dijiste a alguien de tu familia «te quiero»? ¿Y a un amigo? ¿A un compañero de trabajo?

Piensa en cómo sueles manifestar cariño hacia los demás.

¿Cómo puedes expresar mejor tu amor hacia las personas que te rodean?

¿Alguna vez has tomado una decisión de negocios desde el amor?

¿Cómo puedes aplicar este enfoque a tu vida empresarial?

Epílogo

Somos de la clase de personas que nunca, jamás, se rinden.

Al poco tiempo de conocer a Alan, me regaló una pulsera con el lema «Nunca jamás te rindas».

La llevé durante muchos años y se convirtió en una especie de cuerda salvavidas para mí. Cuando me sentía agobiado o desesperanzado, miraba la pulsera y de pronto me infundía motivación. Me inspiraba a seguir persiguiendo mis sueños, a seguir creyendo en mí mismo, a no detenerme, sin importar los obstáculos que la vida me pusiera por delante.

Como inmigrante que llegó a tener tan sólo 150 dólares en su cuenta bancaria, siento un humilde orgullo por todo lo que he logrado. Este viaje ha sido una de las montañas rusas más complejas de mi vida, con muchos altibajos. Por momentos, creí que mi sueño americano se desvanecía, que tenía que aceptar la derrota, pero el universo me tenía guardado algo especial.

A lo largo de esta experiencia, terminé descubriendo que cuando eres una buena persona y te centras en ayudar a los demás, siempre habrá alguien listo para darte una mano. Así que ahora quiero transmitirte esto a ti, mi querido amigo: sin importar el sueño que tengas, nunca, jamás, te rindas.

Ya sea que vengas de un entorno humilde, que no hayas ido a

la universidad, que no hables el idioma del país donde vives, cualquiera que sea tu situación, recuerda que todo es posible. ¡Sólo tienes que creer en ti mismo y tirar para delante! Verás que te encontrarás con muchas personas en el camino dispuestas a ayudarte cuando lo necesites.

Así que recuerda:

Fija tus metas.

Sueña en grande y entrégate a la vida.

¡Vive el presente!

Comunícate con amor.

Y, sobre todo, ¡hazlo desde el corazón!

Aplica los principios de este libro y céntrate en causar un impacto en tu comunidad. Lo demás vendrá de forma natural. Si bien esta guía que te ofrezco requiere de práctica para que puedas integrar todo en tu vida diaria, ¡te aseguro que es posible! Lo he vivido en carne propia: los resultados que verás en tu vida al infundir el amor incondicional en los negocios serán maravillosos.

Y no olvides que, desde ese lugar, tú también puedes liderar desde el corazón. Comparte este libro, entrégate a los demás y ayuda a las personas sin esperar nada a cambio. Después, anímalas a que ellas también participen de esta cadena de favores. Éste es el efecto dominó que nos conecta y que puede revitalizar nuestra manera de vivir la vida y cargar de energía al mundo entero.

Juntos, podemos transformar la humanidad y crear empresas conscientes impregnadas de amor incondicional cuidando a nuestra gente, a nuestras comunidades y a este maravilloso planeta en el que vivimos.

¡Cree, actúa, conviértete!

Escanea el código QR para acceder a una hipnomeditación guiada. Ésta te permitirá conectar la mente con el corazón y así experimentar por completo las emociones que se abordan en este capítulo. De esa manera, podrás acoger estos conceptos y transformar tu modo de proceder para convertirte en la persona que aspiras ser.

Notas

1. Vaish, Amrisha, Grossmann, Tobias, y Woodward, Amanda, «Not all emotions are created equal: The negativity bias in social-emotional development», *Psychological Bulletin*, 134 (3) (2008), pp. 383-403.

2. Solan, Matthew, «Thoughts on optimism», *Harvard Health Publishing*, 2021, <https://www.health.harvard.edu/mind-and-mood/thoughts-on-optimism>; Murphy, Mark, «Optimistic Employees Are 103% More Inspired To Give Their Best Effort At Work, New Data Reveals», *Forbes*, 26 de febrero, 2020, <https://www.forbes.com/sites/markmurphy/2020/02/26/optimisticemployees-are-103-more->.

3. Delmar, Niamh, «Here's Why Smiling Is Good For Your Health, According To A Psychologist», *RTE*, 8 de junio, 2023, <https://www.rte.ie/lifestyle/living/2023/0608/1388049-heres-why-smiling-is-good-foryour-health/>.

4. McGlone, Frances, Walker, Susannah, «Four Ways Hugs Are Good For Your Health», *Greater Good Magazine*, 22 de junio, 2021, <https://greatergood.berkeley.edu/article/item/four_ways_hugs_are_good_for_your_health>.

5. Cardman, Michael, «"Respectful Treatment" Biggest Driver Of Job Satisfaction, Says SHRM Survey», *BrightMine*, 24 de abril, 2017, <https://hrcenter.us.brightmine.com/news/respectful-treatment-biggest-driverof-job-satisfaction-says-shrm-survey/25345/>.

6. Kluger, Avraham, Itzchakov, Guy, «The Power of Listening at Work», *Annual Review of Organizational Psychology and Organiza-*

tional Behavior, 9 (2022), pp. 12-146, <https://www.researchgate.net/publication/353573217_The_Power_of_Listening_at_Work>.

7. Lun, Janetta, *et al.*, «On Feeling Understood and Feeling Well: The Role of Interdependence», *Journal of Research in Personality*, 42 (6) (2008), pp. 1623-1628, <https://www.ncbi.nlm.nih.gov/pmc/articles/PMC2652476/>.

8. Scott Yeager, David, *et al.*, «Breaking the cycle of mistrust: Wise interventions to provide critical feedback across the racial divide», *Journal of Experimental Psychology*, 143 (2) (2014), pp. 804-824, <https://www.apa.org/pubs/journals/releases/xge-a0033906.pdf>.

9. «Mission and Vision», Conscious Capitalism, <https://www.consciouscapitalism.org/mission-and-vision>, fecha de consulta: 3 de septiembre de 2024; Fromm, Jeff, King, Jeff, «Only Conscious Capitalists Will Survive», *Forbes*, 4 de diciembre, 2013, <https://www.forbes.com/sites/onmarketing/2013/12/04/only-conscious-capitalists-will-survive/>.

10. Cerretani, Jessica, «The Contagion of Happiness: Harvard researchers are discovering how we can all get happy», *Harvard Medicine*, verano de 2011, <https://magazine.hms.harvard.edu/articles/contagion-happiness>.

11. UKG, «A Silenced Workforce: Four in Five Employees Feel Colleagues Aren't Heard Equally, Says Research from The Workforce Institute at UKG», 22 de junio, 2021, <https://www.ukg.com/about-us/newsroom/silenced-workforce-four-five-employees-feel-colleagues-arent-heardequally-says>.

12. Perceptyx, «From Insight to Action: New Data on the State of Employee Listening», 12 de abril, 2024, <https://blog.perceptyx.com/from-insight-to-action-new-data-on-the-state-of-employee-listening>.

13. Dhingra, Naina, *et al.*, «Help your employees find purpose—or watch them leave», *McKinsey*, 5 de abril, 2021, <https://www.mckinsey.com/capabilities/people-and-organizational-performance/our-insights/help-your-employees-find-purpose-or-watch-them-leave#/>.

14. Buckingham, Marcus, «80% of employees only care about their paychecks—here's how to beat anxiety (and actually enjoy work)», *Yahoo!Finance*, 4 de marzo, 2019, <https://finance.yahoo.com/news/80-employees-only-care-paychecks-180706049.html>.

15. «How Liking Your Job Will Help You Succeed», *University of Southern California*, 17 de noviembre, 2023, <https://appliedpsychologydegree.usc.edu/blog/how-liking-your-job-will-help-you-succeed>.

16. Fernandez, Jenny, Landis, Kathryn, Lee, Julie, «Helping Gen

Z Employees Find Their Place at Work», *Harvard Business Review*, 18 de enero, 2023, <https://hbr.org/2023/01/helping-gen-z-employees find-their-place-at-work>.

17. Zenger, Jack, Folkman, Joseph, «Do You Tell Your Employees You Appreciate Them?», *Harvard Business Review*, 12 de septiembre, 2022, <https://hbr.org/2022/09/do-you-tell-your-employees-you-appre ciatethem>.

18. «CJ» Gross, Christopher, «A Better Approach to Mentorship», *Harvard Business Review*, 6 de junio, 2023, <https://hbr.org/2023/06/a-better-approach-to-mentorship>.

19. Den Houter, Kate, Maese, Ellyn, «Mentors and Sponsors Make the Difference», *Gallup*, 13 de abril, 2023, <https://www.gallup.com/workplace/473999/mentors-sponsors-difference.aspx>.

20. Amabile, Teresa M., Kramer, Steven J., «The Power of Small Wins», *Harvard Business Review*, mayo, 2011, <https://hbr.org/2011/05/the-power-of-small-wins?registration=success>.

21. Villa, David, «How Celebrating Success Can Lead to More Of It», *Forbes*, 12 de mayo, 2022, <https://www.forbes.com/councils/for besagencycouncil/2022/05/12/how-celebrating-success-can-lead-to-mo re-ofit/>.

22. Fromm, Jeff, King, Jeff, «Only Conscious Capitalists Will Survive», *Forbes*, 4 de diciembre, 2013, <https://www.forbes.com/sites/onmarketing/2013/12/04/only-conscious-capitalists-will-survive/>.

23. Jump Associates, «The Payback on Purpose: How Purpose-Driven Companies Outperform the Competition», 2023, <https://www.jumpassociates.com/wp-content/uploads/2023/10/Jump-The-Pay back-on-Purpose-Oct-2023.pdf>.

24. Wood Brooks, Alison, «Emotion and the Art of Negotiation: How to use your feelings to your advantage», *Harvard Business Review*, diciembre, 2015, <https://hbr.org/2015/12/emotion-and-the-art-of-negotiation>.

25. Flynn, Jason, *et al.*, «The transparency paradox: Could less be more when it comes to trust?», *Deloitte Insights*, 5 de febrero, 2024, <https://www2.deloitte.com/us/en/insights/focus/human-capital-trends/2024/transparency-in-the-workplace.html>.

26. Fourmy, Richmond, «Why Executives Need to Practice Vulnerable Leadership—And How To Do It», *DDI*, 24 de agosto, 2023, <https://www.ddiworld.com/blog/vulnerable-leadership>.

27. «2024 Report: State of the Global Workforce–The Voice Of The World's Employees», Gallup, 2024.

28. Gerdeman, Dina, «When Managers Set Unrealistic Expectations, Employees Cut Ethical Corners», *Harvard Business Review*, 30 de abril, 2024, <https://hbswk.hbs.edu/item/when-managers-set-unrealistic-expectations-employees-cut-ethical-corners>.

29. Melissa Russell, «How to Build —and Improve— Company Culture», *Harvard Professional and Executive Development*, 26 de junio, 2024, <https://professional.dce.harvard.edu/blog/how-to-build-and-improvecompany-culture/>.

30. «The High Stakes», Grammarly, *Atlantic Re:think*, 2024, <https://www.theatlantic.com/sponsored/grammarly-2024/the-high-stakes-ofpoor-communication/3877/>.

31. Rismawati, Noviana, *et al.*, «Cooperative Learning: Alternatif Untuk Meningkatkan Communication Skill Pada Sekolah Boarding», *Jurnal Pendidikan Ekonomi (JURKAMI)*, 9 (2) (2024), pp. 538-553, <https://www.researchgate.net/publication/375903142_Communication_Barriers_in_Work_Environment_Understanding_Impact_and_Challenges>.

32. McBride, Aoibhinn, «Toxic Work Culture Is Driving Away 1 in 5 Employees», *The Hill*, 3 de mayo, 2024, <https://thehill.com/lobbying/4638592-toxic-work-culture-is-driving-away-1-in-5-employees/> <https:/www.intoo.com/us/blog/combating-workplace-toxicity/>.

33. Schulz, Jodi, «Emotions Are Contagious: Learn What Science and Research Has to Say About It», *Michigan State University Extension*, 16 de agosto, 2017, <https://www.canr.msu.edu/news/emotions_are_contagious_learn_what_science_and_research_has_to_say_about_it>.